Sin temor

Imagina tu vida sin preocupación

MAX LUCADO

GRUPO NELSON
Una división de Thomas Nelson Publishers
Desde 1798

NASHVILLE DALLAS MÉXICO DF. RÍO DE JANEIRO BEIJING

Publicado en Nashville, Tennessee, Estados Unidos de América.
Grupo Nelson, Inc., es una subsidiaria que pertenece
completamente a Thomas Nelson, Inc.
Grupo Nelson es una marca registrada de Thomas Nelson, Inc.
www.gruponelson.com

Título en inglés: *Fearless*

Publicado por Thomas Nelson, Inc.

Traducción: *Raquel Monsalve*
Adaptación del diseño al español: *www.Blomerus.org*

ISBN: 978-1-60255-269-2

Impreso en Estados Unidos de América

09 10 11 12 13 BTY 9 8 7 6 5 4 3 2 1

ELOGIOS PARA SIN TEMOR

«Parece que nadie es inmune al temor. Yo estuve hasta el cuello en bancarrota como joven empresario hace veinte años, y lo reconozco ahora en las voces de la gente con quien hablo en la radio todos los días. La buena noticia es que ¡hay un antídoto para el temor! Yo recomiendo *Sin temor* a cualquiera que está cansado del pesimismo y está listo para salir del temor de una vez por todas».

—DAVE RAMSEY, presentador de programas radiales de entrevistas, autor de gran éxito de ventas y presentador de *The Dave Ramsey Show* en Fox Business Network

«En todo esfuerzo empresarial, toda una vida de experiencias y docenas de años de educación son inútiles, si el temor lo está reteniendo. Max ha puesto en términos poderosos el secreto para vencer al temor, a fin de que uno pueda lanzarse entusiasmadamente hacia el éxito futuro. *Sin temor* es una lectura obligatoria para cualquiera que esté listo para descubrir una vida o carrera que esté llena de más fortaleza y triunfo».

—MARCUS BUCKINGHAM, el mundialmente destacado experto en éxito profesional y autor de gran éxito de ventas según el *New York Times* de *La mujer que lo tiene todo; Primero, rompa todas las reglas; Ahora descubra sus fortalezas* y *Go Put Your Strengths to Work*

«Si hay una emoción que conduce a una vida de aburrimiento, es el temor. Considera este libro como palabras que levantan el ánimo en tu esquina durante una pelea de boxeo. Es tú contra todo lo que tu imaginación te pueda aventar. ¡Gracias, Max, por darnos el valor para realmente vivir!»

—Donald Miller, autor de *Tal como el jazz* y *A Million Miles in a Thousand Years*

«Citando temores comunes clave —violencia, desafíos abrumadores, enfermedad y otras situaciones malísimas— Lucado brinda grata sabiduría acerca de esas batallas exclusivamente internas que enfrentan los individuos diariamente. La gente teme que sus vidas no tengan importancia; temen defraudar a Dios; temen a la vida después de la muerte; e incluso temen que Dios no sea real, dice Lucado. Diestro como un cirujano, él discierne e identifica al cáncer del temor que toca a todo ser humano, y con la misma precisión dice palabras sanadoras que penetran en el corazón. Si bien no existe un arreglo rápido o un remedio sencillo para el individuo que está atado al temor, el consejo equilibrado de Lucado y los remedios impulsados por la fe ofrecerán día tras día la medicina espiritual más potente».

—*Publishers Weekly*

Para Dee
y todos los que lo amaron.

Contenido

Agradecimientos

Si un libro es una casa, quiero que conozcas al equipo de construcción de este. (Por favor, da un paso adelante y haz una reverencia cuando pronuncie tu nombre.)

Liz Heaney y Karen Hill, editores. ¿Es este realmente nuestro vigésimo quinto libro juntos? Ustedes dos merecen medallas de oro. Por los cientos de capítulos, miles de sugerencias y millones de momentos felices, gracias.

Steve y Cheryl Green. El sol tendrá que olvidarse de salir antes que ustedes dejen de servir. Los amo a los dos.

Carol Bartley, editora de estilo. Si todo el mundo fuera como tú, no habría abrojos en el mundo. Tu trabajo es fantástico.

Susan y Greg Ligon, David Moberg y todo el equipo de Thomas Nelson. Ustedes han demostrado gran creatividad. No les puedo agradecer lo suficiente.

David Drury, investigador. Cada una de tus sugerencias ha sido muy oportuna. Aprecio cada una de tus correcciones.

David Treat, mi compañero de oración. Has orado a través de todo el proceso. Te estoy muy agradecido.

Randy Frazee, pastor principal. Tú y Rozanne han traído gozo a nuestro corazón y calma a nuestro calendario. ¡Bienvenidos!

Equipo de UpWords Ministry. Por dirigir el programa de radio, mi sitio web y la correspondencia, y por aguantarme, ¡un aplauso de pie!

A Oak Hills Church, nuestra familia espiritual durante veinte años. Lo mejor está en el futuro.

Jenna, Andrea y Sara, nuestras hijas. Cada una de ustedes aportó contribuciones tangibles a este libro. Buscando en páginas y leyendo en fuentes de investigación. Estoy muy orgulloso. Y a Brett Bishop, ¡bienvenido a la familia! Quiera Dios derramar un montón de bendiciones en ti y en Jenna.

Y a mi esposa, Denalyn. Cuando vea a los ángeles en el cielo, no me voy a sorprender. He estado casado con uno de ellos durante veintisiete años. ¡Te amo!

Capítulo 1

¿Por qué tenemos miedo?

¿Por qué teméis, hombres de poca fe?

—Mateo 8.26

Te hubiera gustado mi hermano. Le gustaba a todo el mundo. Dee hacía amistades de la misma forma en que los panaderos hacen pan: todos los días, de manera fácil y con entusiasmo. Sus apretones de manos —fuertes, con entusiasmo y risa— eran contagiosos y volcánicos. Para él no había extraños por mucho tiempo. Yo, su tímido hermano menor, confiaba en él para que nos presentara a los dos. Cuando una familia se mudaba a nuestra cuadra o cuando un recién venido entraba al patio de recreo, Dee era el embajador.

Pero en la mitad de su adolescencia, hizo amistad con alguien que debería haber evitado: un hombre que vendía bebidas alcohólicas a menores de edad. El alcohol nos quiso embaucar, pero aunque a mí solo me enredó, a él lo encadenó. Durante las siguientes cuatro décadas mi hermano bebió tanto que destrozó su salud, sus relaciones, perdió trabajos y dinero, y todo menos los dos últimos años de su vida.

¿Quién puede explicar por qué las resoluciones a veces ganan o pierden? Cuando tenía cincuenta y cuatro años de edad, mi hermano descubrió una reserva interior de voluntad, la utilizó y disfrutó de una época de sobriedad. Vació sus botellas, estabilizó su matrimonio, arregló su relación con sus hijos y cambió la licorería por el grupo local de Alcohólicos Anónimos. Pero la vida dura produjo muchos estragos. Tres décadas fumando tres cajetillas de cigarrillos por día convirtieron su corazón en carne molida.

Una noche del mes de enero, durante la semana en que yo comencé a escribir este libro, le dijo a su esposa Donna que no podía respirar bien. Como tenía una cita con un doctor por un asunto relacionado a eso, decidió tratar de dormir. Eso no le dio resultado. Se despertó a las cuatro de la mañana con dolores tan agudos en el pecho que llamaron a la sala de emergencias. El equipo colocó a Dee en la camilla y le dijeron a Donna que los encontrara en el hospital. Mi hermano la saludó débilmente con la mano y le dijo que no se preocupara, pero para cuando ella y uno de los hijos de Dee llegaron al hospital, mi hermano había fallecido.

El médico de turno les dio la noticia y los invitó a pasar a la sala donde yacía el cuerpo. Sosteniéndose uno al otro, atravesaron la puerta y vieron el mensaje final. Tenía la mano apoyada en la pierna con el dedo medio y el anular doblados y el pulgar extendido, el signo universal del idioma para los sordos que dice: «Te amo».

He tratado de imaginarme los momentos finales de mi hermano en la tierra: viajando a altas velocidades por una carretera en Texas, en una ambulancia una oscura noche, con los paramédicos trabajando a su alrededor, y con el corazón cada vez más débil. Pero en lugar de dejarse llevar por el pánico, tuvo valor.

Tal vez tú puedas usar un poco. Una ambulancia no es el único lugar en el que se requiere valor. Tal vez tu corazón no esté dando el último latido, pero puedes encontrar que has llegado a tu último sueldo, solución o pizca de fe. Cada salida del sol parece traer nuevas razones para el temor.

Están despidiendo personas en tu trabajo, la economía está muy lenta, hay disturbios en el Oriente Medio, cambios en la oficina central, bajas en el mercado de bienes raíces, aumento del calentamiento global, se escapan de la prisión miembros del grupo Al Qaeda. Algún dictador loco está coleccionando ojivas nucleares igual que otras personas coleccionan vinos finos. Una cierta clase de fiebre asiática está activa en los vuelos que salen de China. La plaga de nuestros días, el terrorismo, comienza con la palabra *terror*. Los noticieros emiten información tan preocupante que deberían tener una advertencia: «Cuidado: sería aconsejable mirar este noticiero dentro de una cámara acorazada en un sótano en Islandia».

Tenemos miedo de que nos demanden, de terminar últimos, de tener que declararnos en bancarrota; el lunar que tenemos en la espalda nos da miedo, al igual que el muchacho que se acaba de mudar en nuestra cuadra, y el sonido del reloj que nos indica que nos estamos acercando a la tumba. Sofisticamos los planes de inversión, creamos sistemas de seguridad complicados, y legislamos un sistema militar más fuerte, sin embargo dependemos de las drogas que alteran el estado de ánimo más que ninguna otra generación en la historia. Aun más, «el niño promedio de hoy... tiene un nivel mayor de ansiedad que el que tenía el paciente siquiátrico promedio en la década de 1950».[1]

Parece que el temor ha hecho un contrato de cien años en el edificio de al lado y ha establecido su negocio allí. Demasiado grande y descortés, el temor no está dispuesto a compartir el corazón con la felicidad. Y la felicidad accede. ¿Ves alguna vez a los dos juntos? ¿Puede alguien ser feliz y tener temor al mismo tiempo? ¿Pensar en forma clara y tener miedo? ¿Ser confiado y temeroso? ¿Compasivo y miedoso? No. El temor es el acosador que se desplaza en el pasillo del liceo: insolente, hace mucho ruido y es ineficiente. Para todo el ruido que hace y el espacio que ocupa, el temor hace muy poco bien.

El temor nunca escribió una sinfonía ni una poesía, negoció un tratado de paz ni sanó una enfermedad. El temor nunca sacó a una familia de la pobreza ni a un país de la intolerancia. Nunca salvó a un matrimonio ni a un negocio. El valor sí lo hizo. La fe lo hizo. Lo hicieron las personas que se rehusaron a dejarse aconsejar por el temor o achicarse frente a su timidez. Pero, ¿el temor mismo? El temor nos conduce a prisión y cierra la puerta.

¿No sería maravilloso poder salir?

Imagínate una vida completamente libre de angustia. ¿Qué si la fe, y no el temor, fuera tu reacción instantánea ante las amenazas? Si pudieras poner sobre tu corazón un magneto de temor y extrajeras cada pizca de temor, inseguridad y duda, ¿qué es lo que quedaría? Imagínate un día, un solo día, sin temor al fracaso, al rechazo y a la calamidad. ¿Puedes imaginarte una vida sin temor? Esa es la posibilidad tras la pregunta de Jesús.

«¿Por qué teméis?», pregunta (Mateo 8.26).

Lo primero que pensamos es si Jesús habla en serio. Tal vez está bromeando. Nos quiere sorprender. Casi como si un nadador le preguntara a otro colega: «¿Por qué estás mojado?» Pero Jesús no sonríe. Está completamente serio. Y lo mismo lo están los hombres a quienes les hace la pregunta. Una tormenta ha convertido su crucero, en el cual se sirve una cena, en un susto aterrador.

Así es como uno de ellos recuerda el viaje: «Luego subió a la barca y sus discípulos lo siguieron. De repente, se levantó en el lago una tormenta tan fuerte que las olas inundaban la barca» (Mateo 8.23-24, NVI).

Esas palabras las dijo Mateo. Él recordaba muy bien la gran tempestad y los saltos de la barca en el agua, por lo que fue cuidadoso con su terminología. Cualquier palabra no serviría. Así que sacó su diccionario griego del estante y buscó una descripción que rugiera como las olas que golpeaban la proa. No consideró la terminología común como lluvia primaveral, chubasco, chaparrón o lluvia torrencial. No describía lo que sintió y vio aquella noche: una tierra de la cual salían ruidos y una costa que se sacudía. Recordaba más que vientos y olas con espuma blanca. Sus dedos siguieron la columna de sinónimos hasta que llegó a una palabra que le gustó. «Ah, esa es». *Seísmo:* un terremoto, una erupción que estremecía la tierra y el mar. «Un gran *seísmo* sacudió al lago».

Ese término todavía se usa en nuestro vocabulario. Sismólogo es la persona que estudia terremotos, sismógrafo es el aparato que los mide y Mateo, junto a una tripulación de recientes reclutas, sintió un *seísmo* que les sacudió hasta los huesos. Él usó esa palabra solo en otras dos ocasiones: una, cuando Jesús murió y el Calvario se estremeció (Mateo 27.51-54), y otra en la resurrección de Jesús, cuando el sepulcro tembló (28.2). Aparentemente, la calma de la tempestad comparte un lugar igual al de la trilogía de los grandes acontecimientos de Jesús: vencer el pecado en la cruz, muerte en la tumba y aquí calmando el temor en el mar.

Temor *repentino*. Sabemos que el temor fue repentino porque la tormenta lo fue primero. Una traducción más antigua dice: «*Repentinamente* una gran tormenta se desató en el mar».

No todas las tormentas vienen de repente. En las praderas, los agricultores pueden ver la formación de nubes de tormenta horas antes de que empiece a llover. Sin embargo, esa tormenta se lanza sobre ellos como un león que salta desde el césped. En un segundo los discípulos están barajando los naipes para una partida a mitad del camino, en el siguiente están tragando agua del lago de Galilea.

Pedro y Juan, marineros con experiencia, luchan para mantener la vela abajo. Mateo, que no tiene experiencia alguna con el mar, lucha para no vomitar. Esta tormenta no es lo que esperaba el recolector de impuestos. ¿Percibes la sorpresa en la forma en que une las dos frases? «Luego [Jesús] subió a la barca y sus discípulos lo siguieron. De repente, se levantó en el lago una tormenta tan fuerte que las olas inundaban la barca» (8.23-24, NVI).

¿No esperarías una segunda frase más vivaz, una consecuencia feliz a la obediencia? «Jesús se subió a una barca. Sus seguidores fueron con Él, y de pronto un gran arco iris apareció en el cielo, vieron una bandada de palomas en formación y un mar de cristal que reflejaba el mástil de la embarcación». Los seguidores de Cristo, ¿no disfrutan de un calendario lleno de cruceros por el Caribe? No. Esta historia nos presenta el recordatorio que no es ni muy sutil ni muy popular: subirse a la barca con Cristo puede significar mojarse con Él. Los discípulos de Cristo pueden esperar mares tormentosos y vientos fuertes. «En el mundo tendréis [no "podrían", "pueden", o "pudieran" tener] aflicción» (Juan 16.33, los corchetes son míos).

Los seguidores de Cristo se enferman de malaria, entierran a sus hijos, luchan con adicciones y, como resultado, enfrentan temores. No es la falta de tormentas lo que nos distingue. Es a quien descubrimos en la tormenta: a un Cristo inamovible.

«Él [Jesús] dormía» (v. 24).

He aquí la escena. Los discípulos gritan; Jesús duerme. Los truenos rugen, Jesús ronca. Él no dormita, echa una cabezada ni descansa. Duerme profundamente. ¿Podrías dormir en una ocasión como esa? ¿Podrías dormir mientras andas en una montaña rusa? ¿En un túnel de viento? ¿En un concierto de instrumentos de percusión? ¡Jesús duerme en los tres al mismo tiempo!

El Evangelio de Marcos agrega dos detalles curiosos: «Y él [Jesús] estaba en la popa, durmiendo sobre un cabezal» (Marcos 4.38). En la popa, en un cabezal. ¿Por qué lo primero? ¿Y de dónde vino lo segundo?

Los pescadores del primer siglo usaban redes barredoras, que colgaban al lado del bote. Guardaban las redes en un compartimiento que era construido en la popa para este propósito. No era práctico dormir *sobre* la cubierta de la popa. No había lugar ni proveía protección. Sin embargo, el pequeño compartimiento debajo de la popa proveía ambos. Era la parte más cerrada y la única que ofrecía protección en el bote. Así que Cristo, un poco soñoliento por las actividades del día, gateó debajo de la cubierta para poder dormir.

Descansó la cabeza, no en una mullida almohada de plumas, sino sobre una bolsa de cuero llena de arena. Una bolsa para estabilizar la barca. Los pescadores del mar Mediterráneo todavía las usan. Pesan alrededor de cincuenta kilos y se emplean para equilibrar o estabilizar el bote.[2] ¿Llevó Jesús la almohada a la popa para poder dormir o se durmió tan profundamente que alguien se la llevó? No lo sabemos. Pero esto sí sabemos. Fue un sueño premeditado. No se durmió por accidente. En completo conocimiento de la tormenta venidera, Jesús decidió que era hora de dormir la siesta, así que se instaló en ese rincón, apoyó la cabeza en la almohada y dejó que el sueño lo sobrecogiera.

Su siesta preocupa a los discípulos. Mateo y Marcos registran sus respuestas como tres pronunciamientos entrecortados y una pregunta.

Los pronunciamientos: «¡Señor! ¡Sálvanos! ¡Perecemos!» (Mateo 8.25).

La pregunta: «Maestro, ¿no tienes cuidado que perecemos?» (Marcos 4.38).

No preguntan en cuanto a la fuerza de Jesús: «¿Puedes detener la tormenta?» Su conocimiento: «¿Sabes que hay una tormenta?» O si va a poder hacer algo: «¿Tienes experiencia con las tormentas?» Sino que presentan dudas en cuanto al carácter de Jesús: «¿No tienes cuidado...?»

Esto es lo que hace el temor. Corroe nuestra confianza en la bondad de Dios. Comenzamos a preguntarnos si el amor vive en el cielo. Si Dios puede dormir durante nuestras tormentas; si sus ojos están cerrados cuando los nuestros se abren mucho, si permite tormentas cuando nos subimos a su embarcación, ¿le importamos? El temor desata una multitud de dudas, vacilaciones que producen enojo.

Y eso nos convierte en controladores. «¡Haz algo en cuanto a la tormenta!», es la demanda implícita de la pregunta. «¡Arréglalo o... o... o si no...!» En su centro, el temor es percibido como pérdida de control. Cuando la vida gira frenéticamente, nos aferramos a un componente de ella que podemos controlar: nuestra dieta, la limpieza de la casa, el apoyabrazos de un avión o, en muchos casos, la gente. Cuanto más inseguros nos sentimos, tanto más malos nos volvemos. Refunfuñamos y mostramos los colmillos. ¿Por qué? ¿Porque somos malos? En parte. Pero también porque nos sentimos arrinconados.

Martin Niemöller documenta un ejemplo extremo de esto. Él fue un ministro alemán que adoptó una posición heroica contra Adolfo Hitler. Cuando conoció al dictador en el año 1933, Niemöller se quedó de pie en la parte de atrás del lugar y escuchó. Más tarde, cuando su esposa le preguntó qué había descubierto, él le dijo: «Descubrí que Herr Hitler es un hombre muy asustado».[3] El temor le da rienda suelta al tirano que hay dentro.

También nos afecta la memoria. Los discípulos tenían razones para confiar en Jesús. A esa altura ya lo habían visto «sanando toda enfermedad y toda dolencia en el pueblo» (Mateo 4.23). Habían sido testigos de la sanidad de un leproso con un simple toque, y de la de un siervo con una orden (Mateo 8.3, 13). Pedro vio la sanidad de su suegra que estaba enferma (Mateo 8.14-15), y todos vieron a los demonios salir cual murciélagos de una cueva. «Y con la palabra echó afuera a los demonios, y sanó a todos los enfermos» (Mateo 8.16).

¿No debería alguien mencionar lo que hizo o revisar su currículum vítae? ¿Recuerdan los logros de Cristo? Tal vez no. El temor crea una especie de amnesia espiritual. Embota nuestra memoria de los milagros. Nos hace olvidar lo que Jesús ha hecho y lo bueno que es Dios.

El temor nos hace sentir muy mal. Le saca la vida al alma, nos arrolla en un estado embriónico y nos deja secos en cuanto a tener contentamiento. Nos convertimos en graneros desiertos, desvencijados e inclinados por el viento, un lugar donde antes la humanidad solía comer, prosperar y encontrar calor. Pero ya no. Cuando el temor le da forma a nuestra vida, la seguridad se convierte en nuestro dios. Y cuando la seguridad se convierte en nuestro dios, adoramos un estilo de vida sin riesgos. ¿Puede hacer algo grande al que le encanta la seguridad? ¿Puede lograr grandes cosas el que es reacio al riesgo? ¿Para Dios? ¿Para los demás? No. Los que están llenos de temor no pueden amar profundamente. El amor es riesgoso. No pueden dar a los pobres. La benevolencia no tiene garantía de dar dividendos. Los que están llenos de temor no pueden soñar con entusiasmo. ¿Y qué si sus sueños chisporrotearan y cayeran del cielo? La adoración a la seguridad debilita la grandeza. No es de extrañarse que Jesús le haga tal guerra al temor.

Su mandamiento más frecuente surge del género del «no temáis». Los Evangelios contienen unos ciento veinticinco mandamientos de Cristo en modo imperativo. De esos, veintiuno nos dicen «no temáis» o «no temas» o «confiad» o «ten ánimo» o «tened buen ánimo». El segundo mandamiento más repetido, amar a Dios y a nuestros semejantes, aparece solo en ocho ocasiones. Si la cantidad es un indicador, Jesús considera nuestros temores con seriedad. La declaración que hizo con más frecuencia fue: no temáis.

Los hermanos y hermanas a veces se quejan acerca del mandamiento más frecuente de sus padres. ¿Recuerdan que mamá siempre les decía: «No regreses tarde», o: «Ve a limpiar tu cuarto»? Papá también tenía sus mandatos favoritos. «Enfrenta las cosas con ánimo». «Trabaja duro». Me pregunto si los discípulos reflexionarían en las frases que Cristo repetía con más frecuencia. Si lo hicieron, habrían notado que «siempre nos instaba a tener valor».

> Así que, no temáis; más valéis vosotros que muchos pajarillos. (Mateo 10.31)
>
> Ten ánimo, hijo; tus pecados te son perdonados. (Mateo 9.2)

No os afanéis por vuestra vida, qué habéis de comer o qué habéis de beber; ni por vuestro cuerpo, qué habéis de vestir. (Mateo 6.25)

Oyéndolo Jesús, le respondió: No temas; cree solamente, y [tu hija] será salva. (Lucas 8.50)

¡Tened ánimo; yo soy, no temáis! (Mateo 14.27)

Y no temáis a los que matan el cuerpo, mas el alma no pueden matar. (Mateo 10.28)

No temáis, manada pequeña, porque a vuestro Padre le ha placido daros el reino. (Lucas 12.32)

No se turbe vuestro corazón; creéis en Dios, creed también en mí... Y si me fuere y os preparare lugar, vendré otra vez, y os tomaré a mí mismo, para que donde yo estoy, vosotros también estéis. (Juan 14.1, 3)

No se turbe vuestro corazón, ni tenga miedo. (Juan 14.27)

Pero él les dijo: ¿Por qué estáis turbados, y vienen a vuestro corazón estos pensamientos? (Lucas 24.38)

Y oiréis de guerras y rumores de guerras; mirad que no os turbéis. (Mateo 24.6)

Entonces Jesús se acercó y los tocó, y dijo: Levantaos, y no temáis. (Mateo 17.7)

Jesús no quiere que vivas en un estado de temor. Tampoco

lo quieres tú. Nunca has hecho declaraciones como las siguientes:

> Mis temores hacen que camine livianamente.
>
> Sería un padre terrible si no fuera por mi hipocondría.
>
> Gracias a Dios por mi pesimismo. Desde que perdí la esperanza he sido una persona mucho mejor.
>
> Mi doctor me dijo que, si no comienzo a preocuparme, me voy a enfermar.

Hemos aprendido que el temor tiene un costo muy alto.

La pregunta de Jesús es buena. Él levanta la cabeza de la almohada, sale de la popa de la embarcación a la tormenta, y pregunta: «¿Por qué teméis, hombres de poca fe?» (Mateo 8.26).

Quiero aclarar que el temor tiene una función saludable. Es el canario dentro de la mina de carbón que advierte en cuanto a un probable peligro. Una dosis de miedo puede impedir que un niño corra a través de una calle muy transitada, o que un adulto se fume una cajetilla de cigarrillos. El temor es la reacción apropiada ante un edificio en llamas o ante un perro que gruñe. El temor en sí no es pecado. Pero puede llevar al pecado.

Si medicamos el temor con arranques de ira, borracheras, retraimientos huraños, privación de comida o control aplastante, excluimos a Dios de la solución y agravamos el problema. Nos sujetamos a una posición de temor, permitiendo que la ansiedad domine nuestra vida. Preocupaciones que nos quitan el gozo. Temores que nos hacen sentir entumecidos. Episodios repetidos de inseguridad que nos petrifican y paralizan. La histeria no proviene de Dios. «Porque Dios no nos ha dado *espíritu* de cobardía» (2 Timoteo 1.7).

El temor siempre golpeará a nuestra puerta. No lo invites a cenar y, sobre todo, no le ofrezcas una cama para pasar la noche. Llenemos nuestro corazón de valor con algunas declaraciones seleccionadas de Jesús en cuanto a «no temer». El temor puede llenar al mundo, pero no tiene que llenar nuestro corazón. La promesa de Cristo y la proclamación de este libro son simples: podemos tener menos miedo mañana del que tenemos hoy.

Cuando tenía seis años de edad, mi papá me dejó quedarme despierto hasta tarde para mirar la película *El hombre lobo*. Les aseguro que lamentó su decisión. La película me dejó convencido de que el hombre lobo estaba todas las noches rondando nuestra sala, buscando su comida predilecta; que era un muchachito de seis años de cabello pelirrojo con el rostro salpicado de pecas. Mi temor presentó problemas. Para llegar a la cocina desde mi dormitorio, tenía que pasar peligrosamente cerca de sus garras y sus colmillos, algo que yo era reacio a hacer. Más de una vez, fui al cuarto de mi padre y lo desperté. Al igual que Jesús en la embarcación, mi papá estaba completamente dormido en la tempestad. *¿Cómo puede dormir una persona en un momento como ese?*

Abriendo un ojo y soñoliento, me preguntaba: «Pero, ¿por qué tienes tanto miedo?» Yo le recordaba al monstruo. «Oh sí, el hombre lobo», refunfuñaba. Entonces salía de la cama, se armaba de valor superhumano, me escoltaba a través del valle de sombras de muerte, y me servía un vaso de leche. Yo lo miraba, maravillado y me preguntaba: *¿Qué clase de hombre es este?*

Dios ve nuestras tormentas, nuestros seísmos, de la misma forma que mi padre veía mi temor del hombre lobo. «Entonces, levantándose reprendió a los vientos y al mar y se hizo grande bonanza» (Mateo 8.26).

Jesús controla el temblor excesivo con gran calma. El mar se aquieta y parece un lago congelado, de modo que los discípulos se quedan preguntándose: «¿Qué hombre es éste, que aun los vientos y el mar le obedecen?» (v. 27).

Por cierto, ¡qué clase de hombre! Volvió el tifón en un tiempo para dormir la siesta. Calló a las olas con una palabra. Y le dio a un hombre moribundo el valor suficiente para enviarle a su familia un mensaje final de amor. Magnífico, Dee. Tú enfrentaste muchos momentos seísmos en la vida, pero al final no te hundiste.

Mi oración es que nosotros tampoco.

Capítulo 2

Los aldeanos de Villazancos

Así que, no temáis; más valéis vosotros que muchos pajarillos.

—Mateo 10.31

Temor a no ser importante

Tal vez no lo sepas,
pero, tal vez sí,
acerca de Villazancos, la villa,
(es raro pero es verdad)

donde personas como nosotros,
algunas bajas, otras altas,
con trabajos e hijos
y relojes en las paredes

están atentas a la hora
porque todas las tardes a las seis,
la reunión es en la plaza
y el propósito son los zancos,

altos zancos con los cuales
los aldeanos de Villazancos pueden pavonearse
y ser elevados por encima
de todos los que abajo son esclavos de la rutina:

los que menos tienen,
la tribu de los bajitos,
los que están en la onda y los pobres
que quieren ser altos

pero no pueden, porque
cuando se pasaron los zancos,
sus nombres no fueron llamados.
No fueron elegidos.

Y sin embargo todavía van
a la reunión de aldeanos;
empujan para llegar al frente
para ver si son importantes

para el grupo de los que están en la onda,
la corte de los muy influyentes,
que decide quién es especial
y declara con un grito:

«¡Eres elegante!» «¡Eres bien parecido!»
«¡Eres inteligente!» o «¡Eres gracioso!»

Y te entregan un premio,
no medallas ni dinero,

no un pastel recién sacado del horno
ni una casa que alguien construyó,
sino el más extraño de los regalos:
te regalan zancos.

Avanzan en su misión,
su objetivo es más alto.
«Eleva tu posición»,
así es como es el juego.

Los que están más arriba en Villazancos
(lo sabes si has estado allí)
hacen la bulla más grande
de lo más insignificante.

Les encanta la oportunidad,
en sus altos aparatos,
de pavonearse con sus zancos,
el prestigio más alto.

¿No es mejor la vida
cuando se ve desde lo alto?
A menos que tropieces
y de pronto no estés

tan seguro en tus zancos.
Te inclinas y te balanceas.
«¡Cuidado, abaj-o-o-o!»,
y caes de pronto

encima de los muy bajos,
el populacho de la tierra.
Aterrizas en tu orgullo,
y, ay, qué dolor

cuando la distinguida policía,
en la plancha de las planchas,
no te ofrece su ayuda
sino que te quita los zancos.

«¿Quién te hizo rey?»,
comienzas a quejarte
pero entonces te fijas en la hora
y olvidas tu estribillo.

¡Son casi las seis!
No hay tiempo para parlotear.
Regresas a la multitud
para ver si eres importante.

Y allí está. Esta es la pregunta. El enorme caudal del cual fluyen mil temores: ¿le importamos a alguien? Tememos que la respuesta sea no. Tememos ser un don nadie, insignificante.

Tememos evaporarnos. Tememos que en la cuenta final no hagamos ninguna contribución a la suma del total. Tememos ir y venir y que nadie se dé cuenta.

Por eso es que nos molesta cuando un amigo olvida llamarnos o el maestro se olvida de nuestro nombre o un colega se lleva el mérito por algo que hemos hecho o la aerolínea nos hace entrar al próximo vuelo como si fuéramos ganado. Con ello afirman nuestro temor más profundo: que a nadie le importamos, porque no somos lo suficientemente valiosos como para importarle a nadie. Por esa razón ansiamos la atención de nuestro cónyuge o la aprobación de nuestro jefe, mencionamos nombres de personas importantes en nuestras conversaciones, usamos anillos que nos identifican con nuestra universidad, ponemos silicona en nuestros senos, ostentosos tapacubos en nuestros automóviles, nos ponemos joyas en los dientes y corbatas de seda alrededor del cuello. Codiciamos los zancos.

Los diseñadores de moda nos dicen: «Vas a ser alguien si usas nuestros pantalones vaqueros. Coloca tu nombre en la parte de atrás de tu anatomía, y la insignificancia desaparecerá». Y eso es lo que hacemos. Y por un tiempo nos distanciamos de los demasiado bajos y disfrutamos una promoción en la «Sociedad de los Más Altos». La moda nos redime del mundo de los bajos e insignificantes, y somos otra cosa. ¿Por qué? Porque gastamos la mitad del sueldo en un par de pantalones vaqueros italianos.

Pero entonces, horror de los horrores, los estilos cambian, el último grito de la moda pasa, y la tendencia cambia de ajustados a holgados, de desteñidos a oscuros, y nos encontramos usando los pantalones vaqueros de ayer, sintiéndonos como las noticias de ayer. Bienvenido a la «Tribu de los Bajitos».

Tal vez podamos exteriorizar nuestra insignificancia. Si asociamos nuestra identidad con el logro tipo Gulliver de otra persona, le damos significado a nuestra liliputiense vida. ¿De qué otra forma puedes explicar nuestra fascinación con los deportes franquiciados y con los atletas?

Yo estoy entre los fascinados: un inmutable aficionado del club San Antonio Spurs. Cuando juegan baloncesto, yo juego baloncesto. Cuando marcan un punto, yo también marco uno. Cuando ganan, me atrevo a gritar con los otros diecisiete mil aficionados: «*¡Ganamos!*» Pero, ¿cómo me atrevo a hacer tal declaración? ¿Asistí siquiera a una de sus prácticas? ¿Exploré alguno de los equipos contrarios? ¿Contribuí con una sugerencia al entrenamiento o sudé siquiera una gota? No. Lo habría hecho si me lo hubieran pedido. Pero soy demasiado insignificante, lento, viejo y no tengo coordinación.

Pero soy fiel a su estrella en cierne. ¿Por qué? Porque me separa de los plebeyos. Me eleva momentáneamente, me arma cual caballero.

Esa filosofía motivó a Tomás, mi amigo del cuarto grado, a guardar la colilla del cigarrillo de Dean Martin en un frasco al lado de su cama. Dean Martin, canturreando, se ganó el corazón de los estadounidenses en la década de 1960 vía televisión, radio y clubes nocturnos. Compartió una posición de celebridad difícil de probar con Frank Sinatra y Sammy Davis. Nosotros los plebeyos solo podíamos admirar tal nobleza desde la distancia. Sin embargo, Tomás pudo hacer más. Cuando

Dean Martin honró con su presencia nuestra pequeña ciudad, al oeste de Texas apareciendo en un torneo de golf con motivos benéficos, Tomás y su padre lo siguieron en la galería. Cuando el famoso hombre tiró su cigarrillo a un costado, Tomás estaba allí para arrebatarlo.

¿Quién podría olvidar el momento cuando nosotros, los amigos de Tomás, nos reunimos en su dormitorio para mirar el sagrado objeto? Nosotros aprovechamos el principio de los beneficios que rige conocer a una celebridad. Dean Martin era una estrella, Tomás era el dueño del cigarrillo de Dean Martin; nosotros conocíamos a Tomás. Nosotros estábamos en la línea de sucesión de los beneficiarios de la condición de estrellato de Dean Martin.

Te conectas a alguien especial y te conviertes en alguien especial, ¿verdad?

O simplemente vives más allá de tu vida. Cuando el millonario se da cuenta de que le van a faltar años para usar todo su dinero, establece una fundación. No hay duda de que algún motivo altruista lo lleva a eso, pero también lo hace el deseo de importarle a alguien.

Tenemos hijos por la misma razón. Traer a alguien al mundo nos da significado. Y aunque la paternidad, por cierto que es un logro mucho más noble para obtener significado que mostrar la colilla del cigarrillo de Dean Martin, todavía en parte es simplemente eso. Un día, cuando muramos, nuestros descendientes van a recordar a «nuestro querido papá» o «nuestra dulce mamá», y extenderemos nuestra vida a través de la de ellos.

Pantalones vaqueros italianos. La colilla del cigarrillo de Dean Martin. Fundaciones. Legados. Tratar siempre de probar que el fatalista ateo Bertrand Russell estaba equivocado cuando concluyó: «Yo creo que cuando muera mis huesos se pudrirán y nada quedará de mi ego».[1]

«Él no puede estar en lo cierto», suspiramos.

«¡Está equivocado!», anuncia Jesús. Y con una de las expresiones más amables que jamás se hayan escuchado, disipa el temor de los aldeanos de Villazancos. «¿No se venden dos pajarillos por un cuarto? Con todo, ni uno de ellos cae a tierra sin vuestro Padre. Pues aun vuestros cabellos están todos contados. Así que, no temáis; más valéis vosotros que muchos pajarillos» (Mateo 10.29-31).

¿Qué es más ignominioso que el cabello? ¿Quién hace un inventario de los folículos? Llevamos cuenta de otros recursos: la cantidad de dinero en el banco, los kilos que indica la balanza. Pero, ¿cabello en la piel? Nadie, ni siquiera el hombre que cada vez está más calvo, coloca números pequeñísimos al lado de cada mechón. Nos peinamos, nos teñimos el cabello, nos lo cortamos... pero no lo contamos.

Dios sí lo hace. «Vuestros cabellos están todos contados».

Lo mismo que los pajarillos en el campo. En el tiempo de Jesús, un cuarto era una de las monedas menores en circulación. Con un cuarto se compraban dos pajarillos. En otras palabras, todo el mundo podría comprar dos pajarillos. Pero ¿por qué lo querrían hacer? ¿Cuál era el propósito de eso? ¿Qué meta lograrían?

En el Evangelio de Lucas, Jesús va un paso más en cuanto a

la ternura. «¿No se venden cinco pajarillos por dos cuartos? Con todo, ni uno de ellos está olvidado delante de Dios» (12.6). Un cuarto le compraba dos pajarillos. Dos cuartos, sin embargo, compraban cinco. El vendedor incluía el quinto gratis.

Todavía la sociedad tiene su buena parte de pajarillos número cinco: almas indefinidas que se sienten innecesarias, inútiles, que valen menos de un cuarto. Hacen turno para conducir a sus hijos a la escuela y trabajan en cubículos. Algunas duermen debajo de cartones en la vereda y otras debajo de acolchados en los suburbios. Lo que comparten es un sentimiento de pequeñez.

Encontrarás una bandada de pajarillos número cinco en los orfanatorios para sordos y mudos en China. La política china de procrear solo un hijo tiene su manera de filtrar a los débiles. Se prefiere a los varones sobre las mujeres. Los bebés saludables tienen preferencia sobre los discapacitados. Los niños chinos que no pueden hablar o ver tienen muy pocas posibilidades de llevar una vida saludable y productiva. Todos los mensajes les dicen: «Tú no le importas a nadie».

Así que cuando alguien les dice que eso no es cierto, se conmueven profundamente. El misionero John Bentley, que trabaja en China, describe un momento tal. A los huérfanos sordos de la provincia de Henan les regalaron un libro de niños que escribí titulado *Tú eres especial,* el cual había sido traducido al mandarín. La historia describe a Punchinello, una persona de madera en una villa de gente de madera. Los aldeanos tenían la costumbre de pegarles estrellitas a los que obtienen buenos resultados, y círculos a los que tienen dificultades. Punchinello tenía tantos círculos que la gente le pegaba más sin razón alguna.

Pero entonces conoció a Eli, su creador. Eli le prestó apoyo emocional, diciéndole que no tomara en cuenta las opiniones de los demás. «Yo te hice», le explicó. «Y no cometo errores».

Punchinello nunca había escuchado palabras como esas. Cuando hizo lo que le dijo su creador, los círculos comenzaron a caerse. Y cuando los niños del orfanatorio chino escucharon esas palabras, sus mundos comenzaron a cambiar. Dejaré que John describa ese momento:

> Cuando distribuyeron esos libros entre los niños y el personal de la escuela para sordos, ocurrió lo más extraño. A cierta altura, todo el mundo comenzó a llorar. Yo no podía entender aquella reacción... Los estadounidenses están hasta cierto punto acostumbrados a la idea de la reafirmación... Pero no es así en China, y particularmente menos para esos niños cuyos padres naturales los han abandonado y considerado sin valor porque nacieron «dañados». Cuando, durante la lectura, captaron la idea de que son especiales simplemente porque fueron hechos por un Creador que los ama... todo el mundo comenzó a llorar, ¡incluyendo los maestros de los niños! Fue maravilloso.[2]

¿Necesitas este recordatorio? ¿Alguna posibilidad de que estas palabras estén entrando en los oídos de un pajarillo número cinco? Si es así, es hora de enfrentar el temor de que no eres importante. Toma esto en serio. El temor de que eres un cero a la izquierda se convertirá en una profecía que se cumplirá y te arruinará la vida. Así es como funciona.

Estás aletargado en un trabajo manual que paga muy poco y que te quita la energía. Tu sueldo cubre los gastos, pero nada más. Los talentos que Dios te dio languidecen como rosas que no han sido regadas. Pero entonces lees acerca de un trabajo que capitaliza tus talentos y en el cual usarías todas tus habilidades. Entonces, en un momento de inusual valor, presentas tu solicitud. El empleador te invita para una entrevista. Entonces es cuando regresa la mentalidad tipo «Tribu de los Demasiado Bajos». «No les voy a causar una buena impresión», te quejas. «Me voy a ver como un estúpido en la entrevista. Me van a hacer preguntas que no puedo contestar. Nunca voy a conseguir ese trabajo». Un ratón en una cueva de leones tiene más posibilidades de éxito. Fracasas terriblemente y desciendes otro escalón hacia el sótano de la derrota autoproducida.

O considera a la joven a quien un muchacho bien parecido le pide que salga con él. Es tan buen mozo que se pregunta qué es lo que ve en ella. Él está fuera de su círculo. Una vez que la llegue a conocer, la va a dejar. Tal vez ni siquiera pueda mantener el interés de él ni por una tarde. La inseguridad la lleva a usar la única cosa en la que confía, su cuerpo. Duerme con él en la primera cita, por temor de que no haya una segunda. Ella termina sintiéndose como la mujer desechable en la que nunca quiso convertirse.

El temor a ser insignificante crea el resultado temido, llega al lugar que trata de evitar, facilita el panorama que desprecia. Si un jugador de baloncesto se para en la línea desde donde va a tirar por una falta y se repite: «No voy a hacer la canasta, no voy a hacer la canasta», ¿adivina qué? Nunca va a lograr hacerla. Si tú pasas los días murmurando: «Nunca voy a distinguirme; no valgo nada», ¿adivina qué? Te vas a sentenciar a una vida llena de tristeza sin posibilidad de libertad condicional.

Aun más, estás en desacuerdo con Dios. Cuestionas su juicio. Pones en tela de juicio su gusto. De acuerdo a Dios fuiste una creación especial (Salmos 139.15). Tú eres «una creación admirable» (Salmos 139.14). ¡Dios está siempre pensando en ti! Si pudieras contar los pensamientos que tiene contigo, el número sería más que la arena (Salmos 139.18).

¿Por qué te ama tanto? Por la misma razón que el artista ama sus cuadros o el constructor de botes ama sus barcos. Tú eres idea de Dios. Por cierto, su mejor idea. «Porque somos hechura suya, creados en Cristo Jesús para buenas obras, las cuales Dios preparó de antemano para que anduviésemos en ellas» (Efesios 2.10).

Todos los años miles de damas asisten a las conferencias de «Mujeres de fe». Una de las razones por la cual lo hacen es para escuchar palabras de consuelo. Después de escuchar a una oradora tras otra describir la compasión de Dios por cada uno de sus hijos, una asistente envió el siguiente correo electrónico.

> En la película *Hook,* Peter Pan había crecido y ya era viejo y gordo, no se veía para nada como el Peter que los niños perdidos conocían. Cuando los niños gritaban que ese NO era Peter, uno de los más pequeños lo tomó de la mano y lo hizo bajar hasta su nivel. Entonces colocó sus manos en el rostro

de Peter y procedió a moverle la piel para darle nueva forma al rostro. El niño miró a Peter a los ojos y le dijo: «¡Eres tú, Peter!»

Yo traje muchas cosas a Mujeres de fe, cosas que solo Dios podía ver. Pero a través del fin de semana pude ver la mano de Dios en mi rostro, quitando todas las «cosas» que yo había llevado. Y entonces lo pude escuchar decir: «Eres tú. ¡Eres tú!»[3]

Shhh. Escucha. ¿Lo oyes? Dios te está diciendo las mismas cosas a ti. Está encontrando la belleza que los años han ocultado, el brillo que el tiempo trata de quitar. Él te ve y te ama a ti, la persona que ve. «Eres tú. Eres tú».

Él es suficiente, ¿no es verdad? Ya no más zancos ni pavoneos, pérdidas de equilibrio ni caídas. Que sean otros los que juegan los juegos tontos. Nosotros no. Hemos encontrado algo mejor. Y me han dicho que también la gente de Villazancos.

Los aldeanos de Villazancos todavía se reúnen
y las multitudes todavía claman,
pero más son los que no vienen.
Parecen menos enamorados

desde que vino el Carpintero
y se rehusó a usar zancos.
Escogió lo bajo y no lo alto,
y dejó el sistema patas arriba.

Sin temor

«Ustedes ya son importantes»,
les explicó a los aldeanos.
«Confíen en mí en esto.
Mantengan sus pies en la tierra».

Capítulo 3

Dios no está contento conmigo

Ten ánimo, hijo; tus pecados te son perdonados.

—Mateo 9.2

Temor a desilusionar a Dios

Noble Doss dejó caer la pelota. Una pelota. Un pase. Un error. En el año 1941 dejó caer la pelota. Y ha vivido atormentado desde entonces. «Nos costó un campeonato nacional», dice él.

El equipo de fútbol americano de la Universidad de Texas era considerado el número uno del país. Esperaban una temporada sin derrotas y un lugar en el Rose Bowl, jugaron con sus rivales estatales: la Universidad Baylor. Con una ventaja de 7-0 en el tercer tiempo, el mariscal de campo de su equipo, le tiró un pase largo a Doss, que no tenía a nadie a su alrededor.

«Lo único que tenía entre el gol y yo», recuerda él, «eran veinte yardas [dieciocho metros] de césped».

El tiro iba directo. La hinchada se puso de pie. El confiado Doss vio la pelota y alzó los brazos, pero se le escapó de las manos.

Baylor se recuperó y empató cuando faltaban pocos segundos. Texas perdió su lugar en los primeros y, como consecuencia, su posibilidad de estar en el Rose Bowl.

«Pienso en esa jugada todos los días», admite Doss.

No es que le falten otros recuerdos. Ha estado felizmente casado por más de sesenta años. Tiene hijos y nietos. Sirvió en la armada durante la Segunda Guerra Mundial. Su fotografía fue publicada en la portada de la revista *Life* junto a sus compañeros de equipo de Texas. Interceptó diecisiete pases durante su carrera universitaria, lo cual fue un récord para los equipos universitarios. Ganó dos campeonatos con la NFL (Liga nacional de fútbol americano, por sus siglas en inglés) jugando con los Eagles de Filadelfia. En la galería de personajes famosos de fútbol de Texas High School y en la galería de honor de su universidad se encuentra su nombre.

La mayoría de los aficionados recuerda las jugadas que hizo Doss y los pases que atajó. Doss recuerda el que no atajó. Una vez, cuando conoció a un entrenador de la Universidad de Texas, Doss le habló acerca de su fallo. Habían pasado cincuenta años desde aquel partido, pero él lloró mientras hablaba.[1]

Los recuerdos de pases que no se atajan se disipan muy lentamente. Despiertan un temor aislado, el temor de que hemos desilusionado a la gente, que le hemos fallado al equipo, que no hemos dado el rendimiento esperado. El temor de que, cuando nos necesitaron, no hicimos lo que debimos, de que otros sufrieron debido a nuestros errores y fallos. Por supuesto que algunos quisiéramos cambiar nuestros errores garrafales por el error de Doss. Si solo hubiéramos dejado caer una pelota. Si tan solo hubiéramos desilusionado a un equipo de fútbol.

A menudo hablo con un hombre quien, por propia admisión, malgastó la primera mitad de su vida. Bendecido con más talento que sentido común, hizo enemigos y ganó dinero a una velocidad vertiginosa. Ahora él es el tema en que se basan las canciones folklóricas tristes. Un matrimonio arruinado. Hijos enojados. El hígado le funciona como si hubiese estado remojado en vodka. (Lo cual ocurrió.)

Cuando hablamos, sus ojos van y vienen como los de un hombre que escucha pasos. Su pasado lo persigue como un grupo de hombres al mando de un jefe policial. Nuestra conversación retorna a la misma órbita: «¿Podía Dios alguna vez perdonarme?» «Él me dio una esposa; yo arruiné todo. Él me dio hijos; yo lo arruiné todo». Yo trato de decirle: «Sí, tú has fracasado, pero no eres un fracaso. Dios vino por personas como nosotros». Él absorbe mis palabras como el desierto una lluvia torrencial. La próxima vez que lo veo, necesita escuchar mis palabras de nuevo. El suelo reseco del miedo necesita lluvia constante.

Me escribo con un hombre que está en la cárcel. En verdad, él es el que hace la mayor parte de la correspondencia. Tiene de tres a cinco años para reflexionar en sus engaños financieros. La vergüenza y la preocupación hacen turno para dominar las páginas: vergüenza por el error, preocupación por las consecuencias. Él ha desilusionado a todos los que ama. Incluyendo a Dios. Especialmente. Teme haber pecado hasta sobrepasar la paciencia de Dios.

Él no es el único. «El manantial de gracia de Dios debe tener un fin», razonamos. «Una persona puede pedir perdón solo un número de veces», contiende nuestro sentido común. «¡Cobra demasiados cheques de misericordia, y tarde o temprano no habrá más fondos!» Al diablo le encanta esta clase de lógica. Si nos puede convencer de que la gracia de Dios tiene fondos limitados, vamos a sacar la conclusión lógica. La cuenta no tiene fondos. Dios ha cerrado con llave la puerta a su trono. Golpea todo lo que quieras; ora todo lo que quieras. No hay acceso a Dios.

«No tener acceso a Dios» desata una colmena de preocupaciones. Estamos huérfanos, sin protección y expuestos. El cielo, si existe tal lugar, ha sido quitado del itinerario. Vulnerables en esta vida y condenados en la siguiente. El miedo de desilusionar a Dios tiene dientes.

Pero Cristo tiene fórceps. En su primera referencia al temor, hace el trabajo de quitar los colmillos. «Ten ánimo, hijo; tus pecados te son perdonados» (Mateo 9.2). Fíjate cómo Jesús coloca *ten ánimo* y *pecados perdonados* en la misma frase. ¿Es posible que comience la valentía cuando el problema del pecado haya sido resuelto? Veamos.

Jesús le dijo estas palabras a una persona que no se podía mover. A «un paralítico, tendido en una cama...» (v. 2). Aquel discapacitado no podía sacar al perro a caminar ni a trotar en el vecindario. Pero tenía cuatro amigos, y estos tuvieron un presentimiento. Cuando se enteraron de que Jesús iba a visitar su ciudad, cargaron a su amigo en una cama y fueron a ver al Maestro. Una audiencia con Cristo podría resultar bien para su amigo.

Una audiencia de solo personas en pie llenó completamente el lugar en que Jesús habló. La gente se sentaba en las ventanas, se apretujaba en las puertas. Creerías que fue Dios mismo quien estaba apareciendo en Capernaum. Como eran la clase de personas que no desisten fácilmente, los amigos urdieron un plan. «Y como no podían acercarse a él a causa de la multitud, descubrieron el techo de donde estaba, y haciendo una abertura, bajaron el lecho en que yacía el paralítico» (Marcos 2.4).

Una estrategia riesgosa. A la mayoría de los dueños de casa no les gusta que le desarmen el techo. A la mayoría de los paralíticos no les gusta un salto tipo banyi a través de un hueco en el techo. Y la mayoría de los maestros no aprecian un espectáculo en medio de su lección. No sabemos la reacción del dueño de casa ni la del hombre en la camilla. Sabemos que Jesús no puso objeciones. Mateo casi pinta una sonrisa en su rostro. Cristo articula una bendición aun antes de que se la pidieran. Y pronunció una bendición que nadie esperaba. «Ten ánimo, hijo; tus pecados te son perdonados» (Mateo 9.2). ¿No anticiparíamos nosotros palabras diferentes? «Ten ánimo. Tus piernas han sido sanadas». «Ya no tienes parálisis». «Inscríbete en la Maratón de Boston».

El hombre tenía miembros tan firmes como los tallarines y, sin embargo, Jesús le ofreció misericordia y no músculos. ¿Qué es lo que pensaba? Muy simple. Él estaba pensando en nuestro problema más profundo: el pecado. Estaba considerando nuestro temor más profundo: fallarle a Dios. Antes de sanar el cuerpo (lo cual hizo), Jesús trató con el alma. «Ten ánimo, hijo; tus pecados te son perdonados».

Pecar es no considerar a Dios, ignorar sus enseñanzas, negar sus bendiciones. El pecado es una vida «sin Dios», centrada totalmente en el yo. La vida del pecador se enfoca en mí y no en Dios. ¿No fue esta la elección que hicieron Adán y Eva?

Antes de su pecado vivían en un mundo sin temor. Uno con la creación, uno con Dios, uno el uno con el otro. El Edén era un mundo maravilloso, con un mandamiento: no toquen el árbol de la ciencia del bien y del mal. A Adán y a Eva les habían dado una elección, y todos los días escogieron confiar en Dios. Pero luego vino la serpiente, sembrando semillas de duda y ofreciendo un trato que parecía mejor. «¿Conque Dios os ha dicho...?», les preguntó (Génesis 3.1). «Seréis como Dios», les ofreció (Génesis 3.5).

Así de simple, Eva tuvo miedo. Algunos dicen que estaba llena de orgullo, por lo que desafió y desobedeció... pero ¿no tuvo temor primero? ¿Temor de que Dios estuviera reteniendo algo, de que ella estaba perdiendo algo? ¿Temor de que el Edén no fuera suficiente? ¿Temor de que Dios no fuera suficiente? ¿Temor de que Dios no pudiera cumplir?

Supón que ella y Adán hubieran desafiado esos temores. Se habrían rehusado a dar entrada a las semillas de duda de la serpiente. «Estás equivocada, serpiente. Nuestro Creador ha provisto para cada una de nuestras necesidades. No tenemos razón para tener dudas de lo que dijo. Vuelve al hoyo del cual saliste». Pero no dijeron esas palabras. Trataron mal el temor, por lo que este los arruinó.

Eva dejó de confiar en Dios y tomó el asunto —y la fruta— en sus manos. «Por las dudas de que Dios no lo pueda hacer, yo lo haré». Adán hizo lo mismo.

Adán y Eva hicieron lo que hace la gente llena de miedo. Corren para salvar la vida. «El hombre y su mujer se escondieron de la presencia de Jehová Dios entre los árboles del huerto. Mas Jehová Dios llamó al hombre, y le dijo: ¿Dónde estás tú? Y él respondió: Oí tu voz en el huerto, y tuve miedo» (Génesis 3.8-10).

Cuando el temor no se trata bien, lleva al pecado. Y este a esconderse. Puesto que todos hemos pecado, nos escondemos, no entre los árboles, sino en semanas de ochenta horas de trabajo, rabietas y asuntos religiosos. Evitamos el contacto con Dios.

Estamos convencidos de que debe odiar nuestras tendencias malignas. Nosotros las odiamos. No nos gustan las cosas que hacemos y decimos. Despreciamos nuestros pensamientos lujuriosos, nuestros juicios duros y nuestros actos egoístas. Si nuestros pecados nos dan náuseas, cuánto más deben desagradar a un Dios santo. Llegamos a una conclusión práctica: Dios está irreparablemente molesto con nosotros. Entonces, ¿qué es lo que debemos hacer sino agachar la cabeza y ocultarnos entre los árboles cuando oímos su voz?

El profeta Isaías dice que el pecado nos ha dejado perdidos y confusos como ovejas descarriadas. «Todos nosotros nos descarriamos como ovejas, cada cual se apartó por su camino» (Isaías 53.6). Si el profeta hubiera conocido a mi perra, tal vez habría escrito: «Todos, al igual que Molly, nos descarriamos...»

Para ser una perra tan dulce, tiene una faceta porfiada, desafiante. Una vez que su nariz husmea que el vecino está haciendo una parrillada o que la basura está destapada, ninguna clase de órdenes la pueden controlar. No quieres saber las veces que este ministro la ha tenido que correr por la calle, gritándole a su mascota advertencias que no son muy ministeriales. Ella peca, viviendo como si su dueño no existiera. A veces se descarría.

La semana pasada creímos que se había ido para siempre. Colocamos su foto en tableros de noticias, recorrimos con nuestro automóvil el vecindario llamándola. Finalmente, después de un día infructuoso, fuimos a la perrera. Le describí cómo era Molly a la directora del lugar. Me deseó buena suerte y me señaló un edificio que parecía una barraca en cuya puerta había un cartel que decía «Perros perdidos».

Advertencia para los que les gustan los perros: ¡No vayan a ese lugar! No he visto tanta tristeza desde que cerraron el autocine en mi ciudad natal. Jaula tras jaula de ojos anhelantes, asustados. Ojos grandes, redondos. Ojos angostos, oscuros. Algunos atisbaban desde debajo de las espesas cejas de un cocker. Otros ojos me miraban desde la cabeza pelada como una piedra de un chihuahua. Razas diferentes, pero la misma situación difícil. Perdidos como la gallina ciega y sin tener ni una pista sobre cómo regresar a sus hogares.

Dos perros terrier, según una nota en el portón, fueron encontrados en una carretera. Alguien encontró a un caniche viejo en un callejón. Yo creí haberla encontrado cuando vi a un cazador con pelo que parecía salpicado por sal. Pero no era Molly. Era un perro con ojos tan marrones y solitarios que casi le lograron un lugar en el asiento trasero de mi automóvil.

No encontré a Molly en la perrera.

Sin embargo, tuve un impulso loco en la perrera. Quise anunciar la declaración de Jesús: «Tengan buen ánimo. Ya no están perdidos». Quería llevarme a todos esos perros perdidos a mi hogar, abrir puerta tras puerta y llenar mi automóvil con perros y perras que ladran y mueven la cola. No lo hice. Tanto como quería salvar a los perros, quería seguir casado aun más.

Pero sí tuve el impulso, y el impulso me ayuda a entender por qué Jesús hizo del perdón su primer anuncio en cuanto a no temer. Sí, hemos desilusionado a Dios. Pero no, Dios no nos ha abandonado.

> [Jesús] nos ha librado de la potestad de las tinieblas y ha trasladado al reino de su amado Hijo. (Colosenses 1.13)
>
> El que en él cree, no es condenado. (Juan 3.18)
>
> Todo aquel que ve al Hijo, y cree en él, [tiene] vida eterna; y yo le resucitaré en el día postrero. (Juan 6.40)
>
> Estas cosas os he escrito a vosotros que creéis en el nombre del Hijo de Dios, para que *sepáis* que tenéis vida eterna. (1 Juan 5.13)

Jesús nos ama mucho como para dejarnos con dudas en cuanto a su gracia. Su «perfecto amor echa fuera el temor» (1 Juan 4.18). Si Dios amara con un amor imperfecto, tendríamos muchas causas para preocuparnos. El amor imperfecto guarda una lista de pecados y la consulta a menudo. Dios no guarda ninguna lista de nuestros errores. Su amor echa fuera el temor porque echa fuera nuestro pecado.

Ata tu corazón a esta promesa, y luego aprieta el nudo. Recuerda las palabras de la epístola de Juan: «Si nuestro corazón nos reprende, mayor que nuestro corazón es Dios, y él sabe todas las cosas» (1 Juan 3.20). Cuando te sientas no perdonado, echa fuera a los sentimientos. Las emociones no tienen voto. Ve a las Escrituras. La Palabra de Dios es superior a la crítica y a la falta de fe en uno mismo.

Como Pablo le dijera a Tito: «Porque la gracia de Dios se ha manifestado para salvación a todos los hombres ... Esto habla, y exhorta y *reprende* con toda autoridad» (Tito 2.11, 15). ¿Conoces la gracia de Dios? Entonces puedes amar con valentía, vivir a plenitud. Puedes balancearte de un trapecio a otro; su red de seguridad no permitirá que te caigas.

Nada fomenta el valor tanto como una clara comprensión de la gracia.

Y nada promueve tanto el miedo como la ignorancia de la misericordia. ¿Puedo hablarte con franqueza? Si no has aceptado el perdón de Dios, estás condenado al temor. Nada puede librarte de la constante presunción de que has ignorado a tu Creador y has desobedecido sus instrucciones. Ninguna píldora, charla para infundir ánimo, siquiatra ni posesión puede calmar el corazón del pecador. Puedes amortiguar el temor, pero no lo puedes eliminar. Eso solo lo puede hacer la gracia de Dios.

¿Has aceptado el perdón de Cristo? Si no lo has hecho, hazlo. «Si confesamos nuestros pecados, él es fiel y justo para perdonar nuestros pecados y limpiarnos de toda maldad» (1 Juan 1.9). Tu oración puede ser tan simple como esto: *Querido Padre, necesito perdón. Admito que me he apartado de ti.*

Por favor, perdóname. Coloco mi alma en tus manos y mi confianza en tu gracia. Oro a través de Jesús, amén.

Habiendo recibido el perdón de Dios, ¡vive perdonado! Jesús te ha sanado las piernas, así que camina. Jesús ha abierto la jaula del lugar donde están los perros, así que sal de allí. Cuando Jesús te hace libre, eres verdaderamente libre.

Pero es posible que tengas que hacer callar a algunos gallos. Booker T. Washington relata la práctica historia del día que su madre hizo eso. Cada mañana de su joven vida él, junto con todos los esclavos de la plantación, se despertaban con el canto del gallo. Mucho antes del amanecer, el molesto ruido invadía las chozas de terrón, recordándole a Washington y a sus compañeros de trabajo que salieran de la cama y fueran a las plantaciones de algodón. El canto del gallo llegó a simbolizar su vida bajo dictadura, largos días de trabajo agotador.

Pero entonces llegó la Proclamación de Emancipación. Abraham Lincoln decretó la libertad para los esclavos. A la siguiente y primera mañana, el joven Booker fue despertado por el gallo otra vez. Solo que esta vez su madre lo estaba correteando por el corral. La familia Washington frió y se comió su reloj despertador para el almuerzo. Su primer acto de liberación fue silenciar el recordatorio de la esclavitud.

¿Hay algunos gallos que no te dejan dormir? Tal vez tengas que afilar la cuchilla. La buena noticia del evangelio es: sí, su gracia es real y también lo es nuestra libertad.[2]

A propósito, ¿y el caso de la perdida Molly? Apareció en el patio trasero de un vecino. Resultó que ella no estaba tan lejos del hogar como todos temíamos. Tampoco lo estás tú.

Capítulo 4

Preocupación, desaparece

Por tanto os digo: No os afanéis por vuestra vida.

—Mateo 6.25

Temor a no tener lo suficiente

La preocupación está en la fila de seguridad en el aeropuerto y se quita el brazalete. Ya ha colocado los zapatos en el recipiente de caucho y los líquidos en una bolsa de plástico, y ha sacado de su cartera el pase para abordar el avión. Siente un malestar en el estómago mientras espera su turno para pasar por el detector que la identificará como que no porta armas. La preocupación se pregunta en cuanto a los hongos en el piso, la destreza de las personas que realizan la revisión y qué ha sucedido con el tiempo en que un viajero podía caminar directamente a la puerta de embarque para subir al avión. Ella odia ese pensamiento, pero de todas formas lo entretiene. *Cualquier día se nos va a acabar la suerte*. Mira más allá de la máquina de rayos X y se fija en el agente, que pasa una especie de cetro alrededor del cuerpo de una abuela. La preocupación comienza a sentir lástima por la mujer, pero luego decide que no se preocupará.

Los terroristas también pueden ser personas mayores. Se preocupa porque la abuela está en su vuelo.

La preocupación se sienta en la última fila de la clase de inglés como segunda lengua. El hombre hubiera preferido la primera fila, pero para cuando tomó el autobús, y tuvo que pasar por el pesado tránsito de la tarde, los mejores asientos ya habían sido ocupados. Todavía tiene olor al jabón de lavar los platos en las manos, donde la preocupación trabajó desde las seis de la mañana ese día. En unas doce horas va a estar de nuevo frente al fregadero, pero por ahora trata lo más posible de entender los verbos, los adverbios y los nombres. Todos los demás parecen entenderlos. Pero no él. Nunca ha hecho un diagrama de una frase en español; ¿cómo se espera que lo pueda hacer en inglés? Pero, sin hablar inglés, ¿cómo podrá llegar a ser más que un lavaplatos? La preocupación tiene más preguntas que respuestas, y a menudo piensa en desistir.

La preocupación piensa que su hijo debe usar una bufanda. La temperatura de hoy no va a pasar del grado de congelación, y ella sabe que él va a pasar la mayor parte de su hora de almuerzo pateando una pelota de fútbol sobre el congelado césped. Ella sabe que es mejor que le diga que use una bufanda. Los muchachos de trece años no usan bufandas. Pero su hijo es propenso a las infecciones de garganta y a los dolores de oídos, así que ella le coloca una en su mochilla al lado del libro de la tarea de álgebra que anoche los mantuvo a los dos levantados después de la hora de ir a dormir. La preocupación le recuerda al muchacho que repase su tarea, le da un beso y lo mira cuando sale corriendo de la casa para tomar el autobús escolar. Ella mira hacia el cielo gris y le pregunta a Dios si alguna vez Él deja caer del cielo paquetes de ayuda para las madres agotadas. «Aquí tienes a una mamá que necesita fuerzas».

La preocupación se despertó hoy a las 4:30 de la mañana, luchando con este capítulo. Debe ser terminado para las 5:00 de la tarde. Me tapé la cabeza con la almohada y traté en vano de volver al mundo etéreo del sueño que no sabe nada de fechas de entrega ni de cuando un libro debe estar terminado. Pero fue demasiado tarde. La pistola que comienza la carrera había disparado. Un escuadrón olímpico de transmisiones cerebrales estaba marchando en mi cerebro, haciendo entrar en acción una ola de adrenalina. Así que la preocupación saltó de la cama, se vistió, salió de la casa a la silenciosa calle y llegó a la oficina. Al principio me quejé de que mi horario estaba demasiado cargado, luego de mi mal manejo del tiempo. La preocupación abrió la puerta, encendió la computadora, miró el monitor y sonrió al primer versículo que apareció: la definición de Jesús de la palabra preocupación.

> Por eso les digo: No se preocupen por su vida, qué comerán o beberán. (Mateo 6.25, NVI)

Los déficit y las escaseces habitan en nuestro camino. No tenemos suficiente tiempo, suerte, sabiduría, inteligencia. Parece que se nos acaba todo, por eso nos preocupamos. Pero la preocupación no da resultado.

> Fíjense en las aves del cielo: no siembran ni cosechan ni almacenan en graneros; sin embargo, el Padre celestial las alimenta. ¿No valen ustedes mucho más que ellas? ¿Quién de ustedes, por mucho que se preocupe, puede añadir una sola hora al curso de su vida? (vv. 26-27, NVI)

Las preocupaciones no van a llenar el estómago de un ave ni ponerle color al pétalo de una flor. Parece que las aves y las flores se las arreglan muy bien, y no toman antiácidos. Lo que es más, tú puedes dedicar una década a los pensamientos ansiosos, a la brevedad de la vida y no le puedes añadir a tu vida ni un solo minuto. La preocupación no logra nada.

Supongamos que yo hubiera respondido en forma diferente a mi llamada a despertar. En lugar de ponerme a trabajar, supongamos que me hubiera acurrucado en la cama en una posición fetal y me hubiera quejado de mi lastimoso estado. «La casa publicadora espera demasiado. Un libro por año. Y cada libro completo con sus capítulos correspondientes. Ni siguiera Jesús hubiera podido aguantar este estrés. Nunca voy a cumplir con la fecha de entrega. Cuando no lo haga, el personal de la editorial me va a odiar y me van a revocar el contrato. Los libreros se van a enterar de que no cumplí con la fecha de entrega y van a quemar los libros de Lucado en sus estacionamientos. Mi esposa se va a sentir avergonzada y mis hijas no van a tener amigas. Creo que me voy a tomar un whisky para el desayuno».

¿Te das cuenta de lo que ha sucedido? Una preocupación legítima escaló para llegar a un pánico tóxico. Crucé una línea de demarcación hacia el estado de pánico. Ya no anticipé nada ni me preparé, sino que me hice miembro de la sociedad de los que sufren desgracias. Cristo nos advierte en cuanto a esto. Fíjate en la forma en que una traducción expresa sus palabras: «No vivan preocupados pensando qué van a comer, o qué ropa se van a poner. ¿Acaso la vida consiste sólo en comer? ¿Acaso el cuerpo sólo sirve para que lo vistan?» (Mateo 6.25, TLA).

Jesús no condena que sintamos inquietud legítima por nuestras responsabilidades, sino más bien el continuo estado mental que aleja la presencia de Dios. La ansiedad destructiva quita a Dios del futuro, enfrenta la incertidumbre sin fe, hace recuento de los desafíos del día sin poner a Dios en la ecuación. La preocupación es el cuarto oscuro donde los negativos se convierten en fotos con brillo.

Un amigo vio un ejemplo de desconcierto continuo en su hija de seis años. En su apuro para vestirse para ir a la escuela, ató los cordones de los zapatos con un nudo. Ella se sentó en la base de la escalera y concentró sus pensamientos en el enredo. El autobús escolar estaba por llegar, el tiempo pasaba y ni siquiera pensó que su padre estaba cerca, dispuesto a ayudar si se lo pedía. Las manos de la niña comenzaron a temblar, y comenzó a llorar. Finalmente, con una expresión de completa frustración, colocó la frente sobre las rodillas y sollozó.

Este es un retrato, tamaño niño, de la preocupación destructiva. Una concentración en un nudo que llegó al punto del enojo y de la exasperación, totalmente inconsciente de la presencia de nuestro Padre, el que está siempre cerca. Mi amigo finalmente decidió ayudar a su hija.

¿Por qué no pidió ella la ayuda de su padre al principio? Podríamos hacernos la misma pregunta en cuanto a los discípulos. Una petición era todo lo que necesitaban para obtener ayuda.

Jesús los había llevado a un retiro. Sentía dolor en el corazón por las noticias de la muerte de Juan el Bautista, así que les dijo a sus discípulos: «Venid vosotros aparte a un lugar desierto, y descansad un poco» (Marcos 6.31).

Pero entonces llegó la multitud hambrienta. Muchísima gente —quince mil, tal vez veinte mil personas— lo siguieron. Una multitud de sufrimiento y enfermedad que lo único que traía eran necesidades. Jesús trató a la gente con amabilidad. Los discípulos no compartieron su compasión. «El lugar es desierto, y la hora ya pasada; despide a la multitud, para que vayan por las aldeas y compren de comer» (Mateo 14.15).

Oh, parece que alguien estaba un poco irritado. Por lo general, sus seguidores precedían sus comentarios con la palabra *Señor,* que implicaba respeto. Pero no fue así esta vez. La ansiedad nos convierte en tiranos. Ellos expresaron un mandamiento, no un pedido. «Envíalos para que puedan comprar comida para ellos». *¿Creen que tenemos las llaves de Fort Knox?* Los discípulos no tenían los recursos para tal multitud.

Su falta de respeto no perturbó a Jesús, que simplemente

les dio una tarea: «No tienen necesidad de irse; dadles vosotros de comer» (v. 16). Me imagino que unos encogieron los hombros mientras otros pusieron los ojos en blanco; los discípulos reuniéndose a contar lo que tenían. Es posible que Pedro haya sido el que guió la discusión gritando una orden: «Contemos el pan: uno, dos, tres, cuatro, cinco. Tengo cinco panes. Andrés, revisa la cuenta». Y él lo hace: «Uno, dos, tres, cuatro, cinco...»

Pedro puso a un lado el pan y preguntó en cuanto a los peces. La misma rutina con un número menor. «¿Peces? Veamos. Uno, dos, tres... Oh, no, conté un pez dos veces. Parece que el total de los peces es dos».

Se declaró el total. «No tenemos aquí sino cinco panes y dos peces» (v. 17). El conteo *solamente* se destaca, como si dijera: «Nuestros recursos son lamentablemente pequeños. No queda nada sino este lastimoso almuerzo». La aguja que marca la gasolina se encontraba sobre la línea que dice vacío; el reloj marcaba la hora final; la alacena solo tenía migajas. Felipe agregó un cálculo personal: «Ni con el salario de ocho meses podríamos comprar suficiente para darle un pedazo a cada uno» (Juan 6.7, NVI). Creo que su declaración quiso decir: «¡La tarea que nos has dado es demasiado grande!»

¿Cómo crees que se sintió Jesús con el conteo del inventario? ¿Alguna posibilidad de que hubiera querido que incluyeran el resto de las posibilidades? ¿Considerar todas las opciones? ¿Crees que estaba esperando que alguien contara hasta ocho?

«Bien, vemos. Tenemos cinco panes, dos peces, y... ¡Jesús!» Jesucristo, el mismo que nos dijo:

> Pedid, y se os dará; buscad, y hallaréis; llamad, y se os abrirá. (Lucas 11.9)

> Si permanecéis en mí, y mis palabras permanecen en vosotros, pedid todo lo que queréis, y os será hecho. (Juan 15.7)

> Todo lo que pidieres orando, creed que lo recibiréis, y os vendrá. (Marcos 11.24)

De pie al lado de los discípulos estaba la solución a sus problemas... pero ellos no fueron a Jesús. Dejaron de contar al llegar a siete y se preocuparon.

¿Qué en cuanto a ti? ¿Estás contando hasta siete u ocho?

He aquí siete cosas que van a hacer que dejes de preocuparte para aumentar tu cuenta:

1. *Primero, ora.* No camines de un lado a otro en la sala de espera; ora para que la operación salga bien. No lamentes que perdiste una inversión, pídele a Dios que te ayude. No te unas al coro de compañeros de trabajo que se quejan del jefe; invítalos para que inclinen la cabeza contigo y oren por él. Vacúnate interiormente contra el miedo, para que puedas enfrentar tus temores exteriormente. «Echando toda vuestra ansiedad [todos tus temores, tus preocupaciones, de una vez por todas] sobre él...» (1 Pedro 5.7).

2. *Despacio, ahora.* Baja la velocidad. «Guarda silencio ante Jehová, y espera en él» (Salmos 37.7). Imita a la madre de Jesús en la boda de Caná. Se había acabado el vino en la recepción, algo impensable en los días de Jesús. María le podría haber echado la culpa al anfitrión por no planear bien o a los invitados por tomar demasiado, pero ella no hizo una catástrofe de eso.

Ninguna sesión de terapia o asesoría. En cambio, ella le llevó el asunto directamente a Jesús. «La madre de Jesús le dijo: No tienen vino» (Juan 2.3). ¿Te das cuenta de lo rápido que tú puedes hacer lo mismo? Evalúa el problema. Llévaselo a Jesús y exprésaselo con claridad.

3. *Actúa de inmediato.* Conviértete en un aniquilador de preocupaciones. Trata a la preocupación como a los mosquitos. ¿Aplazas una decisión cuando un insecto chupasangre aterriza en tu piel? «Lo voy a resolver dentro de un momento». Por supuesto que no lo haces. Le das al insecto el golpe que merece. Sé así de decisivo con la ansiedad. En el instante en que surge una preocupación, trata con ella. Confronta las preocupaciones antes de que te venzan. No malgastes una hora preguntándote qué estará pensando tu jefe, pregúntale. Antes de diagnosticar ese lunar como cáncer, haz que te lo examinen. En lugar de asumir que nunca vas a salir de las deudas, consulta a un experto. Sé un hacedor y no alguien que vive preocupado.

4. *Haz una lista de tus preocupaciones.* Durante varios días anota todos los pensamientos que te producen ansiedad. Mantén una lista de todas las cosas que te preocupan. Luego repasa la lista. ¿Cuántas de ellas se hicieron realidad? Te preocupaste de que tu casa se incendiara. ¿Se incendió? De que podrías perder el trabajo. ¿Lo perdiste?

5. *Evalúa las categorías de tus preocupaciones.* Verás en tu lista temas que te preocupan. Detectarás esferas repetidas de preocupación que se pueden convertir en obsesiones: lo que la gente piensa de ti, finanzas, calamidades globales, tu apariencia o tus logros. Ora en forma específica por cada una de ellas.

6. *Enfócate en hoy.* Dios suple nuestras necesidades diariamente. No cada seis meses o anualmente. Él te dará lo que necesitas cuando lo necesitas. «Acerquémonos, pues, confiadamente al trono de la gracia, para alcanzar misericordia y hallar gracia para el *oportuno* socorro» (Hebreos 4.16). Un antiguo himno expresa el corazón que pinta este paciente autor.

No te apresures tanto, corazón mío,
Ten fe en Dios y espera;
Aunque a veces demora,
Nunca llega tarde.

Nunca llega tarde;
Él sabe lo que es mejor;
No te inquietes en vano;
Descansa hasta que Él venga.

Descansa hasta que Él venga,
No lamentes las horas que pasan;
Los que esperan en Dios
Sin dilación llegan a la meta.

Sin dilación llegan a la meta
Lo que no se logra con velocidad;
Entonces aquiétate, corazón mío,
Porque esperaré que Él me guíe.[1]

7. *Busca un ejército que te ayude.* Comparte tus sentimientos

con algunos seres queridos. Están más dispuestos a ayudar de lo que te puedas imaginar. Menos preocupación de tu parte significa más felicidad de la de ellos.

8. *Deja que Dios sea suficiente.* Jesús concluye su llamado a la calma con este desafío: «Vuestro Padre celestial sabe que tenéis necesidad de todas estas cosas. Mas buscad primeramente el reino de Dios y su justicia, y todas estas cosas os serán añadidas» (Mateo 6.32–33).

Busca primeramente el reino de las riquezas y te vas a preocupar por cada peso. Busca primer el reino de la salud y te vas a preocupar por cada mancha o cada chichón. Busca primero el reino de la popularidad y vas a volver a vivir cada conflicto. Busca primero el reino de la seguridad y vas a dar un salto a cada sonido de una rama de árbol. Pero busca primero su reino y lo vas a encontrar. En eso podemos depender y nunca preocuparnos.

Ocho pasos. Primero ora. Despacio, ahora. Actúa de inmediato. Haz una lista de tus preocupaciones. Evalúa la categoría de tus preocupaciones. Enfócate en hoy. Busca un ejército que te ayude. Deja que Dios sea suficiente.

(Mejor que deje de trabajar, son casi las 5:00 de la tarde.)

Capítulo 5

Mi hijo está en peligro

No tengas miedo; cree nada más, y ella será sanada.

—Lucas 8.50, NVI

Temor a no proteger a mis hijos

Nadie me dijo que los bebés recién nacidos hacen ruidos de noche. Toda la noche. Gorjean, jadean. Gimotean y dan quejidos. Hacen sonidos con los labios y dan profundos suspiros. Mantienen al papá despierto. Por lo menos Jenna me mantuvo despierto. Yo quería que Denalyn durmiera. Gracias a un problema con unos medicamentos, el descanso de ella después de la cesárea era muy poco. Así que en la primera noche en casa con nuestra primera hija, me ofrecí de voluntario para cuidarla. Envolvimos a nuestra belleza de ocho libras y cuatro onzas [cuatro kilogramos] en una suave frazada rosada, la colocamos en su cunita y la pusimos de mi lado de la cama. Con mucha rapidez, Denalyn se durmió profundamente. Jenna siguió el ejemplo de su mamá. ¿Y papá? Este padre no sabía qué hacer con los ruidos que hacía el bebé.

Como la respiración de Jenna se hizo más lenta, acerqué mi

oído a la boca de ella para ver si estaba viva. Cuando su respiración se hizo muy rápida, fui por la enciclopedia familiar médica y busqué «hiperventilación infantil». Cuando ella hacía gorgoritos y jadeaba, yo hacía lo mismo. Después de un par de horas me di cuenta de que *no tenía ni una pista sobre cómo comportarme*. Saqué a Jenna de su cama, la llevé a la sala de nuestro apartamento y me senté en una mecedora. Entonces fue cuando me invadió un tsunami de sensatez.

«Estamos a cargo de un ser humano».

No me importa lo fuerte que puedas ser. Tal vez seas un oficial de la marina que se especializa en saltar en paracaídas desde grandes alturas detrás de las líneas del enemigo. Tal vez pases todos los días tomando instantáneas decisiones millonarias en la bolsa de comercio. No importa. Cada padre o madre se derrite en el instante en que él o ella sienten el impacto de la paternidad.

Me sucedió a mí.

¿Cómo me metí en eso? Volví sobre mis pasos. Primero fue el amor y luego el matrimonio, a continuación *hablamos* de un cochecito para bebé. Por supuesto que yo estuve de acuerdo con la idea. Especialmente cuando consideré mi papel en el proyecto. De alguna forma, durante la expansión de nueve meses del plan, la realidad de la paternidad no se me hizo clara. Las mujeres están asintiendo y sonriendo. «Nunca subestimes la densidad de un hombre», dices. Pero las madres tienen una ventaja. Treinta y seis semanas de recordatorios que se mueven dentro de ellas. Nuestra reacción se produce más tarde. Pero nos llega. Y para mí llegó a la medianoche, en la quietud de

nuestro apartamento en el centro de Río de Janeiro, Brasil, mientras tenía a un ser humano en mis brazos.

El semirremolque de la paternidad llega lleno de temores. Tememos fracasarle al hijo, olvidarnos de él. ¿Tendremos suficiente dinero? ¿Suficientes respuestas? ¿Suficientes pañales? ¿Suficiente lugar en los cajones? Las vacunas. La educación. Las tareas escolares. Las fiestas de la secundaria. Es suficiente para mantener despierto a un padre de noche.

Y aunque aprendemos a bregar con todo eso, un colmenar de peligros zumba en el trasfondo. Considera la mamá que llamó anoche. Alrededor de su hijo de diez años hay una batalla por su custodia. La corte, el padre, la madre, los abogados —todos— están tirando del niño como si fuera de goma. Ella se pregunta si su hijo va a sobrevivir a ese sufrimiento.

Lo mismo es con los padres de la hija adolescente que se desplomó en la cancha de voleibol. Nadie sabía en cuanto al problema que tenía en el corazón ni cómo saldrá de eso. Cuando oramos al lado de su cama, las lágrimas de su madre dejaron manchitas redondas en las sábanas.

Por lo menos saben dónde está su hija. La madre que llamó a nuestra iglesia para que oraran no lo sabe. Su hija, que está en el último año de enseñanza secundaria, se fugó con un muchacho. Él es un drogadicto y ella ha perdido la cabeza por él. Ambos están en serios problemas. La madre ruega que la ayuden.

Las destilerías que fabrican el temor producen una infusión alta en octano para los padres: una dosis fuerte, muy dolorosa, que baja el pulso. Ya sea que mamá y papá hagan guardia fuera de una unidad para bebés, hagan visitas semanales a una prisión para jóvenes o escuchen el crujido de una bicicleta y el grito de un niño en la cochera, la reacción es la misma: «Tengo que hacer algo». Ningún padre se puede quedar sin hacer nada cuando su hijo o hija sufre.

Jairo no pudo.

> Cuando volvió Jesús, le recibió la multitud con gozo; porque todos le esperaban. Entonces vino un varón llamado Jairo, que era principal de la sinagoga, y postrándose a los pies de Jesús, le rogaba que entrase en su casa; porque tenía una hija única, como de doce años, que se estaba muriendo. (Lucas 8.40-42)

Jairo era un líder en la comunidad de Capernaum, «uno de los principales de la sinagoga» (Marcos 5.22). Alcalde, obispo, abogado del gobierno, todo en uno. La clase de hombre que una ciudad enviaría a darle la bienvenida a una persona famosa. Pero cuando Jairo se acercó a Jesús en la costa del mar de Galilea, no estaba representando a su pueblo; estaba rogando a favor de su hija.

La urgencia no dio lugar a las formalidades de su saludo. No formuló una venia ni ofreció cumplidos, solo una oración de pánico. Uno de los Evangelios dice así: «[Jairo] luego que le vio, se postró a sus pies, y le rogaba mucho, diciendo: Mi hija está agonizando; ven, y pon las manos sobre ella para que sea salva y vivirá» (Marcos 5.22-23).

Jairo no es el único que en las páginas de los Evangelios corrió para rogar por un hijo. Una madre salió corriendo de las colinas cananeas clamando: «¡Señor, Hijo de David, ten misericordia de mí! Mi hija es gravemente atormentada por un demonio» (Mateo 15.22). El padre de un hijo atormentado por un espíritu buscó ayuda de parte de los discípulos y luego de Jesús. Con lágrimas clamó: «Creo, ayuda mi incredulidad» (Marcos 9.24).

La madre cananea. El padre con un hijo epiléptico. Jairo. Los tres de una sociedad muy particular del Nuevo Testamento: padres que luchaban por hijos enfermos. En una mano tenían su propia incapacidad de hacer algo mientras extendían la otra hacia Cristo. En cada caso Jesús respondió. Él nunca despidió a alguien sin ayudarlo.

Su bondad constante emite un anuncio bien acogido: Jesús presta atención a la preocupación en el corazón de un padre o una madre.

Después de todo, nuestros hijos primero fueron sus hijos. «He aquí, herencia de Jehová son los hijos; cosa de estima el fruto del vientre» (Salmos 127.3). Antes que fueran nuestros, eran de Él. Y aun cuando son nuestros, todavía le pertenecen.

Tendemos a olvidarnos de este hecho y consideramos a nuestros hijos como «nuestros», como si tuviéramos la última palabra en cuanto a su salud y su bienestar. No la tenemos. Toda la gente le pertenece a Dios, incluyendo los pequeñitos que se sientan a nuestra mesa. Sabios son los padres que en forma regular le dan los hijos de nuevo a Dios.

Abraham fue un famoso modelo de eso. El padre de la fe también era padre de un hijo, Isaac. Abraham y Sara esperaron casi un siglo para que naciera ese hijo. No sé qué es lo más sorprendente, que Sara estuviera embarazada a la edad de noventa años, o que ella y Abraham a esa edad todavía estuvieran tratando de concebir. De todos los regalos que Dios les dio, Isaac fue el más grande. De todos los mandamientos que Dios le dio a Abraham, este fue el más difícil: «Toma ahora a tu hijo, tu único, Isaac, a quien amas, y vete a tierra de Moriah, y ofrécelo allí en holocausto sobre uno de los montes que yo te diré» (Génesis 22.2).

Abraham le puso la montura al asno, tomó a Isaac y a dos sirvientes, y viajó al lugar del sacrificio. Cuando vio el monte a la distancia, instruyó a los sirvientes que se quedaran allí y esperaran. E hizo una declaración que es digna de notar especialmente: «Esperad aquí con el asno, y yo y el muchacho iremos allí y adoraremos, y volveremos a vosotros» (Génesis 22.5).

Fíjate en la confianza de Abraham: «volveremos». «Consideraba Abraham que Dios tiene poder hasta para resucitar a los muertos, y así, en sentido figurado, recobró a Isaac de entre los muertos» (Hebreos 11.19). Dios interrumpió el sacrificio y salvó a Isaac.

Jairo esperaba lo mismo para su hija. Él le suplicó a Jesús que fuera a su casa (Lucas 8.41). Este padre no estaba contento con ayuda a larga distancia; él quería que Cristo estuviera bajo su techo, que caminara por sus cuartos y que se parara al lado de la cama de su hija. Quería que la presencia de Cristo permeara su casa.

Mi esposa manifiesta el mismo anhelo. Un día le voy a preguntar a Dios: «¿Por qué has sido tan bueno con mis hijas y conmigo?», y Él me responderá señalando a Denalyn. «Ella siempre me hablaba de ti y de tus hijas». Denalyn hace caminatas de oración regulares por nuestra casa, entrando a cada dormitorio y por todos los lugares donde vivimos. Ella se detiene para orar por sus hijas y por su esposo. Aprovecha al máximo la invitación de Lamentaciones 2.19 (NVI): «Deja correr el llanto de tu corazón como ofrenda derramada ante el Señor. Eleva tus manos a Dios en oración por la vida de tus hijos».

Padres, esto es algo que podemos hacer. Podemos ser intercesores leales y tenaces. Podemos llevarle a Cristo los temores que tenemos como padres. En efecto, si no lo hacemos, vamos a descargar nuestros temores en nuestros hijos. El temor convierte a algunos padres en guardias de prisión paranoicos, que vigilan cada minuto y le hacen un chequeo a los antecedentes de cada amigo. Reprimen el crecimiento y comunican falta de confianza. Una familia que no provee lugar para respirar, sofoca al hijo.

Por otro lado, el temor también puede crear padres permisivos. Por temor de que su hijo se vaya a sentir demasiado confinado o limitado, bajan todos los límites. Mucha importancia a los abrazos y poca a los límites. No se dan cuenta de que la disciplina apropiada es una expresión de amor. Son padres permisivos. Padres paranoicos. ¿Cómo podemos evitar los extremos? Orando.

La oración es el recipiente en el cual se vierten los temores de los padres para que se enfríen. Jesús dice muy poco en cuanto a la crianza de los hijos, no hace ningún comentario sobre dar nalgadas, o darle pecho a un niño, o las peleas entre hermanos, o la educación escolar. Pero sus acciones hablan muy alto en cuanto a la oración. Cada vez que un padre o madre ora, Cristo le responde. ¿Cuál es su mensaje principal para los padres y las madres? Traigan a sus hijos a mí. Críenlos en un invernadero de oración.

Cuando los despidas por el día, hazlo con una bendición. Cuando les digas buenas noches, cúbrelos con oración. ¿Está teniendo problemas tu hija con la tarea de geografía? Ora con ella en cuanto a eso. ¿Se siente intimidado tu hijo por la nueva muchacha? Ora con él sobre ella. Ora pidiendo que tus hijos tengan un significado profundo de su lugar en este mundo y un lugar celestial en el próximo.

Hace algunos años fui testigo de un padre que estaba tomando con seriedad esta prioridad durante un servicio dominical matutino. Cuando tomamos la Cena del Señor, escuché una vocecita preguntando: «¿Qué es eso, papá?» El padre explicó el significado del pan y luego ofreció una oración. El niño permaneció callado hasta que pasaron la copa. Entonces preguntó de nuevo: «¿Qué es eso, papá?» El padre comenzó de nuevo, explicándole la sangre y la cruz, y la forma en que el vino simboliza la muerte de Jesús. Entonces oró.

Me sonreí ante la enorme tarea que estaba enfrentando el padre. Cuando me di vuelta para asentir con la cabeza, me di cuenta de que el padre era David Robinson, jugador de baloncesto de la NBA (Liga nacional de baloncesto, por sus siglas en inglés) para el equipo San Antonio Spurs. Sentado en sus rodillas estaba su hijo de seis años, David.

Menos de veinticuatro horas antes, David había guiado al equipo a una victoria en las semifinales contra el equipo de los Phoenix Suns. En unas veinticuatro horas David estaría de vuelta en la ciudad de Phoenix, haciendo lo mismo. Pero en medio de los dos importantes partidos que fueron televisados en toda la nación, estaba David el papá. No David el jugador más valioso, o el que había ganado una medalla de oro olímpica, sino David el padre, explicándole la Santa Cena a David el hijo.

De todos los acontecimientos de ese fin de semana, ¿cuál tuvo más importancia? ¿Los partidos de baloncesto o el servicio de la Santa Cena? ¿Cuál tendrá consecuencias eternas? ¿Los puntos anotados en la cancha? ¿O el mensaje expresado en la iglesia? ¿Cuál influirá en la vida del jovencito David? ¿Mirar a su papá jugar al baloncesto o escucharlo musitar una oración?

Padres, no podemos proteger a nuestros hijos de todas las amenazas de la vida, pero podemos llevarlos a la Fuente de la vida. Podemos entregar con confianza nuestros hijos a Cristo. Sin embargo, aun entonces nuestras solicitudes pueden estar seguidas de una elección difícil.

Mientras Jairo y Jesús iban a la casa del primero, «vino uno de la casa del principal de la sinagoga a decirle: Tu hija ha muerto; no molestes más al Maestro. Oyéndolo Jesús, le respondió: No temas; cree solamente, y será salva» (Lucas 8.49-50).

Jairo se sintió confuso con los dos mensajes. El primero, de su sirviente: «Tu hija ha muerto». El segundo, de Jesús: «No temas». El miedo lo llamó de un lado. La esperanza le pedía que hiciera algo. Tragedia, luego confianza. Jairo escuchó dos voces y tenía que decidir a cuál de las dos escucharía.

¿No es lo que hacemos todos?

La dura realidad de criar a los hijos se puede definir así: tú puedes hacer lo mejor posible y todavía estar en la posición que estuvo Jairo. Puedes proteger, orar y mantener los peligros bajo control, y todavía encontrarte en una sala de emergencia a medianoche o en una clínica de rehabilitación para drogadictos el día de visita un domingo, escogiendo entre dos voces: la desesperación o tener fe. Jairo podría haber escogido la desesperación. ¿Quién lo habría culpado por decir: «¡Basta!»? Él no tenía garantía alguna de que Jesús lo podía ayudar. Su hija estaba muerta. Jairo se podría haber ido. Como padres, nos alegra mucho que no lo hubiera hecho. Necesitamos saber lo que hará Jesús cuando le confiamos nuestros hijos.

Él *unió a todos los de la casa.* «Entrando a la casa, no dejó entrar a nadie consigo, sino a Pedro, a Jacobo, a Juan, y al padre y a la madre de la niña» (Lucas 8.51).

Jesús incluyó a la madre. Hasta esta altura, no sabemos la razón, pero ella no había estado incluida. Tal vez ella estaba al lado de la cama donde estaba su hija. O quizás estaba enfadada con su esposo. Una crisis puede dividir a una familia. El estrés de cuidar a un hijo enfermo o con problemas puede causar una división entre mamá y papá. Pero aquí Cristo los unió. Imagínate a Jesús deteniéndose a la entrada de la casa y haciéndole señales a la afligida madre para que se uniera a ellos. Él se podría haber apresurado a entrar sin ella. Pero quería que mamá y papá estuvieran juntos en la lucha. Jesús reunió a toda la familia, aunque era pequeña, en la presencia de la hija.

E *hizo desaparecer la falta de fe.* «Y lloraban todos, y hacían lamentación por ella. Pero él les dijo: No lloréis; no está muerta, sino que duerme. Y se burlaban de él, sabiendo que estaba muerta» (vv. 52-54).

Él mandó que la duda saliera, y permitió que se quedaran solo la fe y la esperanza. Y en este pequeño círculo íntimo de confianza, Jesús «tomándola de la mano, clamó diciendo: Muchacha, levántate. Entonces su espíritu volvió, e inmediatamente se levantó; y él mandó que se le diese de comer. Y sus padres estaban atónitos» (vv. 54-56).

Dios tiene compasión por los padres que sufren. ¿Nos debería sorprender? Después de todo, Dios mismo es padre. ¿Qué emoción paternal es la que Él no ha sentido? ¿Estás separado de tu hijo? También lo estuvo Dios. ¿Está alguien maltratando a tu hijo? También se burlaron y maltrataron al Hijo de Él. ¿Se está alguien aprovechando de tu hijo? El Hijo de Dios fue acusado con testimonios falsos y traicionado por un seguidor codicioso. ¿Debes observar mientras tu hijo sufre? Dios vio a su Hijo en la cruz. ¿Sientes que quieres librar a tu hijo de todo el sufrimiento del mundo? Dios sí. Pero debido a su gran amor por nosotros, «no escatimó ni a su propio Hijo, sino que lo entregó por todos nosotros, ¿cómo no nos dará también con él todas las cosas?» (Romanos 8.32).

En «todas las cosas» también deben estar incluidos el valor y la esperanza.

Algunos de ustedes encuentran que la historia de Jairo es difícil de escuchar. Tú oraste la misma oración que hizo Jairo y, sin embargo, te encontraste en un cementerio enfrentándote a la noche más oscura de un padre: la muerte de un hijo. Ningún dolor se compara con ese. ¿Qué esperanza te ofrece la historia de Jairo? Jesús resucitó a la hija de Jairo. ¿Por qué no salvó a la tuya?

Dios entiende tu pregunta. Él también sepultó a un hijo. Él odia la muerte más que tú. Es por eso que la destruyó. Él «quitó la muerte y sacó a luz la vida y la inmortalidad» (2 Timoteo 1.10). Para los que confían en Dios, la muerte es solo una transición al cielo. Tu hijo tal vez no esté en tus brazos, pero está seguro en los de Dios.

Otros de ustedes han estado en la posición en que estuvo Jairo. Hace mucho que han dejado la ribera de la oración ofrecida pero todavía no han llegado a la casa de la oración contestada. Has derramado un huracán de lágrimas por tu hijo, suficientes para llamar la atención de todos los ángeles que existen para que atiendan tu causa. En algunos momentos has sentido que estabas cerca de lograr algo, que Cristo te estaba siguiendo camino a tu casa. Pero ya no estás tan seguro. Te encuentras solo en el sendero, preguntándote si Cristo te ha olvidado a ti y a tu hijo.

No lo ha hecho. Él nunca desestima la oración de un padre. Continúa entregándole tu hijo a Dios y, en el tiempo y la forma indicados, te lo va a devolver.

Tarde aquella noche, hace un cuarto de siglo, le di mi hija a Dios. Mientras la mecía en la recién comprada mecedora, recordé la forma en que Abraham había colocado a Isaac en al altar, y decidí hacer lo mismo. Hice de nuestra sala en el apartamento mi Moriah y levanté mi hija hacia el cielo. *Yo no puedo criar a esta hija,* confesé, *pero tú sí lo puedes hacer. Te la regreso.* Debe de haber sido algo digno de observar, un papá vestido con un pijama, levantando hacia el techo a su bebé envuelta en una frazada. Pero algo me dice que unos pocos padres apreciaron este gesto. Entre ellos, Abraham, Jairo y, por supuesto, Dios.

Capítulo 6

Me estoy hundiendo muy rápido

¡Tened ánimo; yo soy, no temáis!

—Mateo 14.27

Temor a los desafíos sobrecogedores

Antes del vuelo, soy una versión de edad mediana de Tom Cruise en *Top Gun*: con un casco de aviador, un traje de piloto y una sonrisa del tamaño de una rebanada de sandía. Después del vuelo, se acabó lo de *Top Gun*. Estoy tan pálido como un cadáver. Me inclino hacia un lado, y mi gran sonrisa se ha vuelto tan plana y derecha como la pista sobre la cual aterrizamos. El cambio se debe a casi sesenta minutos de acrobacia a diez mil pies [tres mil metros] de altura.

Yo estaba en el asiento de la cabina directamente detrás del teniente coronel Tom McClain. Le faltaba solo un mes para jubilarse cuando me invitó a que lo acompañara en un vuelo de orientación. La invitación me llegó con todo lo siguiente:

- un examen médico anterior al vuelo (en el cual me midieron para ver el tamaño del asiento eyectable);

- una reunión de instrucción (en la cual practiqué tirar la manilla del asiento eyectable);
- unos pocos momentos colgado en el arnés del paracaídas de entrenamiento (simulando cómo volvería a la tierra después de activar el asiento eyectable).

Mensaje al departamento de relaciones públicas de la Fuerza Aérea: ¿Hay alguna posibilidad de minimizar la discusión sobre el asiento eyectable? Resulta que no lo usamos. Lo cual fue algo grande considerando que bajamos en picada, nos elevamos, otra bajada en picada, a veces con una velocidad vertical de diez mil pies por minuto. ¿Te puedes imaginar una montaña rusa sin las barandas? Volamos en tándem con otro T-6. Hubo un momento en que las dos puntas del ala tenían una separación de siete pies [dos metros]. A mí no me gusta estar tan cerca de otra persona en el centro comercial.

He aquí lo que una hora de volteretas en el aire me enseñó:

- A los pilotos de guerra no se les paga lo suficiente. No tengo ni idea de lo que ganan, pero no es suficiente. Todo aquel que esté dispuesto a proteger a nuestro país a casi mil kilómetros por hora merece un bono.
- Cuando el piloto se refiere a «G», yo creía que se refería a la fuerza gravitacional que trabajaba contra el cuerpo. En realidad se refiere al sonido involuntario que emite un ministro durante una voltereta a 360 grados: «G» g-g-g-g-gracias a Dios que no nos matamos».
- El nombre por el que llaman al piloto está pintado en la parte de atrás de su casco.

Tienen nombres fantásticos como: Iceman. Buff. Hatchet. El mío era Max. En la onda, ¿no es verdad? El coronel McClain responde a T-Mac. Aparece en la parte de atrás de su casco sobre la línea del cuello. Yo lo sé muy bien. Durante cincuenta o sesenta minutos, mire fijamente su nombre. Lo leí hacia la derecha, luego hacia la izquierda, conté las letras y creé un acróstico: T-M-A-C. **T**ú **M**e **A**mas **C**risto. No podía soportar mirar a otro lado. El horizonte seguía rebotando, lo mismo que el panel de los instrumentos. Cerrar los ojos solo hacía peor el mareo. Así que miré a T-Mac. Después de todo, era el que tenía casi seis mil horas de vuelo.

¡Seis mil horas! Ha pasado más tiempo volando aviones que yo comiendo pizza, pensamiento que se me ocurrió cuando comencé a lamentar haber cenado la noche anterior. ¡Seis mil horas! El equivalente de ocho meses de veinticuatro horas al día volando, suficiente tiempo para circunnavegar la tierra ciento cuarenta y tres veces. No es de extrañarse que estuviera sonriendo cuando subimos al avión. Ese pequeño vuelo era para él un paseo en una bicicleta con ruedas de entrenamiento. De verdad, una vez lo escuché tararear durante una inclinación casi vertical.

No me llevó mucho tiempo darme cuenta del lugar en el que debía mantener pegada la vista. No miraba ya hacia abajo ni hacia fuera. Mis ojos estaban fijos en el piloto. Si T-Mac estaba bien, yo estaba bien. Sé adonde hay que mirar cuando hay turbulencia.

Pedro aprendió la misma lección de una manera difícil. Cambia el avión por un bote de pesca de diez metros, el cielo de

Texas por el mar de Galilea, y fíjate el paralelo que hay en nuestras historias. «La barca estaba en medio del mar, azotada por las olas, porque el viento era contrario» (Mateo 14.24).

Entre los depósitos acuíferos famosos, el mar de Galilea —veintidós kilómetros en su punto más largo, y doce en el más ancho— es un lago pequeño y que se las trae. Su tamaño lo hace más vulnerable a los vientos que soplan desde las Alturas de Golán. Ellos convierten al lago en una batidora, cambiando de pronto, soplando primero en una dirección, luego en otra. Los meses de invierno traen este tipo de tormenta, más o menos cada dos semanas, azotando las aguas por dos o tres días por vez.[1]

Pedro y sus compañeros, en ese paseo en medio de la tormenta, sabían que tenían problemas. Lo que debería haber sido un paseo tranquilo de una hora se convirtió en una lucha de toda una noche. La barca se tambaleaba y se estremecía, como una cometa en el viento primaveral. La luz del sol era un recuerdo distante. Llovía a cántaros. Los rayos marcaban la oscuridad como una espada de plata. Los vientos pegaban tan fuerte contra las velas, que los discípulos estaban «en medio del mar [y su embarcación] era azotada por las olas». ¿Es esta una descripción apropiada tal vez para la etapa en que te encuentras en la vida? Quizás todo lo que tenemos que hacer es sustituir un par de nombres...

En medio de un divorcio, azotado por la culpa.

En medio de todas las deudas, azotado por los acreedores.

En medio de un cambio de manos de tu negocio, azotado por el poder de los corredores y los márgenes de ganancia.

Los discípulos lucharon con la tormenta durante nueve horas de frío y de estar empapados hasta los huesos. Y a eso de las cuatro de la mañana, sucedió lo indecible. Vieron que alguien venía caminando por el agua. «Un fantasma», dijeron, dando voces de temor (v. 26).

No esperaban que Jesús fuera a ellos de esa manera.

Nosotros tampoco. Esperamos que venga en la forma de suaves himnos el domingo de pascua o en retiros espirituales. Esperamos encontrarlo en los devocionales matutinos, las comidas en la iglesia y cuando meditamos. Nunca esperamos verlo en una bolsa de valores que cada día pierde más dinero, cuando nos despiden del trabajo, cuando nos meten un pleito o en la guerra. Nunca esperamos verlo en una tormenta. Pero es en las tormentas que hace su trabajo por excelencia, porque en ellas es cuando le prestamos el mayor grado de atención.

Jesús respondió al temor de los discípulos con una invitación que se debería escribir en las piedras angulares de todas las iglesias y en las entradas de las casas. «Tened ánimo; yo soy, no temáis», les dijo (v. 27).

Hay poder en esas palabras. Despertar en una unidad de cuidado intensivo y escuchar que tu esposo te dice: «Aquí estoy». Perder tu retiro y sentir el apoyo de tu familia en las palabras: «Estamos contigo». Cuando un niño está jugando y de pronto ve a mamá y papá en las gradas mirando el partido: «Estamos aquí», lo cambia todo. Tal vez es por eso que Dios repite tan a menudo que está con nosotros.

El Señor está cerca. (Filipenses 4.5)

Vosotros [estáis] en mí, y yo en vosotros. (Juan 14.20)

Yo estoy con vosotros todos los días, hasta el fin del mundo. (Mateo 28.20)

Yo les doy vida eterna; y no perecerán jamás, ni nadie las arrebatará de mi mano. (Juan 10.28)

Ni la muerte, ni la vida, ni ángeles, ni principados, ni potestades, ni lo presente, ni lo porvenir, ni lo alto, ni lo profundo, ni ninguna otra cosa creada nos podrá separar del amor de Dios. (Romanos 8.38, 39)

No podemos ir adonde no esté Dios. Mira sobre el hombro, ese el Dios que te está siguiendo. Mira en la tormenta; ese es Cristo que viene hacia ti.

Debemos darle el mérito que merece Pedro, creyó lo que le dijo Jesús. «Señor, si eres tú, manda que yo vaya a ti sobre las aguas. Y él dijo: Ven. Y descendiendo Pedro de la barca, andaba sobre las aguas para ir a Jesús» (Mateo 14.28-29).

Pedro nunca hubiera hecho ese pedido con un mar en calma. Si Cristo hubiera caminado a través de un mar tan calmo que pareciera un espejo, Pedro lo habría aplaudido, pero dudo que hubiera dado un paso fuera de la barca. Las tormentas nos impulsan a tomar senderos inauditos. En unos pocos pasos heroicos y unos momentos que parece que hacen detener el corazón, Pedro hizo lo imposible. Desafió la ley de gravedad, y a la naturaleza, caminó «sobre las aguas para ir a Jesús».

Mis editores no hubieran tolerado brevedad tal. Habrían marcado en el margen con tinta roja: «Elabora. ¿Con qué rapidez salió Pedro de la barca? ¿Qué estaban haciendo los otros discípulos? ¿Cuál era la expresión en su rostro? ¿Pisó a algún pez?»

Mateo no tuvo tiempo para preguntas tales. Con rapidez, nos conduce al mensaje más importante del acontecimiento: adónde mirar en una tormenta. «Pero al ver el fuerte viento, [Pedro] tuvo miedo; y comenzando a hundirse, dio voces, diciendo: ¡Señor, sálvame!» (v. 30).

Una pared de agua eclipsaba el campo de visión. Una ráfaga de viento resquebró el mástil y se escuchó el crujido de la madera. Un relámpago iluminó al lago y a las olas que parecían montañas. Pedro quitó su atención de Jesús y la colocó en la tormenta, y cuando lo hizo, se hundió como un ladrillo en un estanque. Si le prestas más atención a las aguas tormentosas que al que camina en el agua, te sucederá lo mismo.

No podemos escoger si las tormentas van a venir o no. Pero sí podemos decidir dónde vamos a fijar la vista en una tormenta. Encontré un ejemplo directo de esto mientras esperaba en la oficina de mi cardiólogo. El corazón me latía a la velocidad de un automóvil de carrera y el ritmo era el de un mensaje enviado en código Morse. Así que fui a un especialista. Después de revisar mis exámenes y de formularme algunas preguntas, el doctor asintió deliberadamente y me dijo que esperara en su oficina.

No me gustó que me mandaran a la oficina del director como si fuera un niñito. Como paciente, no me gusta que me envíen a la oficina del doctor. Pero fui, me senté y enseguida noté la gran cantidad de diplomas que tenía el médico. Estaban por todos lados, y eran de todos lados. Un diploma era de la universidad. Otro era por haber completado su residencia. El tercero era de su esposa. (Hago una pausa para ver si captaste el chiste...)

Cuanto más miraba sus logros, mejor me sentía. *Estoy en buenas manos.* Cuando me recosté en la silla para relajarme, la enfermera entró con una hoja de papel. «El doctor lo verá en unos minutos», me explicó. «Mientras tanto quiere que lea esta información. Es un resumen de la condición de su corazón».

Bajé la vista de los diplomas al resumen de mi problema. Mientras leía, comenzaron a soplar vientos contrarios. Palabras que no quería escuchar como *fibrilación atrial, arritmia, ataque embólico* y *coágulo de sangre* hicieron que me hundiera en mi propio mar de Galilea.

¿Qué le pasó a mi paz? Yo me sentía mucho mejor hacía un momento. Así que cambié mis estrategias. Contrarresté el diagnóstico con los diplomas. Entre los párrafos de malas noticias, miré a la pared de recordatorios de buenas noticias. Eso es lo que Dios quiere que hagamos.

Su llamamiento a tener valor no es un llamado a la ingenuidad ni a la ignorancia. No debemos estar inconscientes en cuanto a los sobrecogedores desafíos que nos trae la vida. Debemos contrarrestarlos con largas miradas a los logros de Dios. «Es necesario que con *más diligencia atendamos* a las cosas que hemos oído, no sea que nos deslicemos» (Hebreos 2.1). Haz lo que sea necesario para mantener los ojos fijos en Jesús.

Cuando una amiga mía pasó varios días en el hospital al lado de la cama de su esposo, ella se apoyó en algunos himnos para mantenerse optimista. Cada pocos minutos, iba al baño y cantaba algunas estrofas de «Grande es tu fidelidad». ¡Haz lo mismo! Apréndete varias Escrituras de memoria. Lee biografías de vidas notables. Medita en los testimonios de creyentes fieles. Toma la decisión deliberada de mantener tu esperanza en Jesús. El valor siempre es una posibilidad.

C. S. Lewis escribió un párrafo muy bueno sobre este pensamiento:

> La fe... es el arte de aferrarse a las cosas que una vez aceptó la razón, a pesar de tus estados de ánimo fluctuantes. Porque el estado de ánimo cambiará, cualquiera que sea la posición que tome la razón. Lo sé por experiencia. Ahora que soy creyente tengo estados de ánimo en los cuales todo parece muy improbable: pero cuando era ateo tenía estados de ánimo en los cuales el cristianismo parecía tremendamente probable... Es por eso que la fe es una virtud tan necesaria: a menos que les enseñes a tus estados de ánimo «adónde tienen que ir», nunca podrás ni ser un creyente fuerte ni un fuerte ateo, sino una criatura que va de un lado para otro, con las creencias en realidad dependiendo del tiempo o del estado de tu indigestión.[2]

Alimenta tus temores y tu fe se va a morir de hambre.

Alimenta tu fe y los que morirán de hambre son tus temores.

Eso fue lo que hizo Jeremías. ¡Hablando de alguien que fue pescado en una tormenta! Corre unos seiscientos años hacia la izquierda en la línea del tiempo, y puedes aprender una lección de este profeta del Antiguo Testamento. «Yo he sido el hombre que ha visto aflicción bajo el látigo de su [de Dios] enojo. Me guió y me llevó en tinieblas, y no en luz. Ciertamente contra mí volvió y revolvió su mano todo el día» (Lamentaciones 3.1-3).

Jeremías estaba deprimido, tan lúgubre como una jirafa con dolor de cuello. Jerusalén estaba siendo atacada, la nación estaba en problemas. El mundo de él se había desplomado como un castillo de arena en un huracán. Él le echaba la culpa a Dios por su terrible condición emocional. También le culpó por sus enfermedades físicas. «Hizo envejecer mi carne y mi piel; quebrantó mis huesos» (v. 4).

Le dolía el cuerpo. Estaba enfermo del corazón. Su fe era muy débil. «[Dios] edificó baluartes contra mí, y me rodeó de amargura y de trabajo» (v. 5). Al igual que un hombre en un callejón sin salida, Jeremías se sintió atrapado. «Me cercó por todos lados, y no puedo salir; ha hecho más pesadas mis cadenas; aun cuando clamé y di voces, cerró los oídos a mi oración; cercó mis caminos con piedra labrada, torció mis senderos» (vv. 7-9).

Jeremías podría haberte dicho la altura de las olas y la velocidad del viento. Pero entonces se dio cuenta de que se estaba hundiendo con mucha rapidez. Así que cambió su mirada. «Esto recapacitaré en mi corazón, por tanto esperaré. Por la misericordia de Jehová no hemos sido consumidos, porque nunca decayeron sus misericordias. Nuevas son cada mañana; grande es tu fidelidad. Mi porción es Jehová, dijo mi alma, por tanto, en él esperaré» (vv. 21-24).

«Esto recapacitaré...» Cuando estaba deprimido, Jeremías cambió su forma de pensar, cambió el lugar donde puso su atención. Quitó los ojos de las olas y fijó su mirada en la fidelidad de Dios. Con rapidez, recitó un quinteto de promesas. (Me lo puedo imaginar marcando esas promesas con los dedos.)

1. El amor de Dios es firme y eterno.
2. Sus misericordias no tienen fin.
3. Son nuevas cada mañana.
4. Grande es tu fidelidad.
5. El Señor es mi porción.

La tormenta no cesó, pero sí su desaliento. Lo mismo le sucedió a Pedro. Después de unos instantes de debatirse en el agua, volvió a Jesús y clamó: «Señor, sálvame. Al momento Jesús, extendiendo la mano, asió de él, y le dijo: ¡Hombre de poca fe! ¿Por qué dudaste? Y cuando ellos subieron en la barca, se calmó el viento» (Mateo 14.30-32).

Jesús podría haber calmado esa tempestad horas antes. Pero no lo hizo. Él quería enseñarles una lección a sus seguidores. Jesús podría haber calmado tu tormenta hace mucho tiempo. Pero no lo ha hecho. ¿Quiere también enseñarte una lección? ¿Podría la lección expresarse como algo así: «Las tormentas no son una opción, pero el temor sí»?

Dios ha colgado sus diplomas en el universo. El arco iris, las puestas de sol, el horizonte y los cielos adornados con estrellas. Ha registrado sus logros en las Escrituras. No estamos hablando de seis mil horas de vuelo. Su currículum vítae incluye que abrió el mar Rojo, les cerró la boca a los leones, la derrota de Goliat, la resurrección de Lázaro, la calma de las tormentas y sus caminatas.

Su lección es clara. Él es el jefe de todas las tormentas. ¿Estás asustado por la tuya? Entonces fija tus ojos en Él. Tal vez este sea tu primer vuelo. Pero por cierto que no es el primero para Él.

Tu piloto tiene un nombre por el que lo llaman: «Estoy a tu lado».

Capítulo 7

Hay un dragón en mi clóset

[Jesús] comenzó a entristecerse y a angustiarse.

—Marcos 14.33

Temor a que te ocurra lo peor

La próxima vez que te atrape un pulpo en el fondo del océano, no te desesperes. Simplemente comienza a dar vueltas de campana. A menos que te tenga atrapado con uno o dos de sus fuertes tentáculos, vas a escapar con unas pocas y leves lesiones.

Mientras asciendes a la superficie, tal vez te encuentres con un tiburón. No entres en pánico. ¡Golpéalo! Dale golpes en los ojos y en las branquias. Son las partes más sensibles de su cuerpo.

Lo mismo es cierto para tus encuentros con extraterrestres. Frustra el siguiente secuestro por parte de ovnis yendo directamente a los ojos del invasor. Sin embargo, guarda bien los pensamientos, puesto que las criaturas espaciales tal vez puedan leerte la mente.

Aunque los gorilas no pueden leerte la mente, te pueden

inmovilizar con sus brazos. El abrazo de un cierto tipo de gorila que tiene pelos grises en la espalda, puede ser como un candado. Tú única posibilidad de escapar es que le acaricies el brazo mientras haces chasquear con fuerza los labios. Los gorilas son muy cuidadosos de su apariencia. Es de esperarse que interprete tus acciones como un tratamiento en un balneario.

Si no es así, las cosas podrían empeorar. Te podrías estar cayendo del cielo con un paracaídas defectuoso, estar atrapado en un ascensor en caída libre o enterrado vivo en un féretro de metal. Podrías estar enfrentando lo peor posible. Todos pasamos por eso: situaciones de extrema desesperación. Es por ello que un libro que se publicó para sobrevivir a ese tipo de desastres ha sido un éxito de librería. El libro se titula: *Manual de supervivencia en situaciones extremas*.[1]

Gracias a esa obra, sé cómo reaccionar si me agarra un gorila o si me secuestra un extraterrestre. Sin embargo, las posibilidades de que eso me ocurra son tan remotas, que no me quitan el sueño. Pero he estado despierto pensando en otras tristes posibilidades.

Volverme senil es una de ellas. El pensamiento de envejecer no me preocupa. Tampoco me preocupa perder la juventud, el cabello o los dientes. Pero ¿el pensamiento de perder la mente? Aterrador. Visitar una unidad donde hay enfermos de Alzheimer perturba. Ancianos de cabello gris que miran al espacio, formulando preguntas derivadas de la demencia. No quiero terminar de esa forma.

No poder proveer para mi familia me ha perturbado. En otro caso extremo, mi esposa Denalyn, vive más que yo y que nuestros ahorros, y se queda en la miseria, dependiendo de la generosidad de algún extraño. Ella me dice que no piense de esa forma, que mis preocupaciones son un desatino. Es más fácil decirlo que hacerlo, le respondo.

Esos temores al acecho. Esos monstruos no invitados. Ninguna ansiedad prosaica de fechas de entrega o de pescar resfríos, sino el terror en espera de alguna garra inescapable. Ilógicos e inexplicables, tal vez, pero también innegables.

¿Cuál es tu peor temor? ¿Temes fracasar en público, perder el trabajo, o temor a las alturas? ¿Temor de que nunca vas a encontrar la esposa ideal para ti, o disfrutar de buena salud? ¿Temor de quedarte atrapado, ser abandonado u olvidado?

Estos son temores reales que nacen de preocupaciones legítimas. Y, sin embargo, si se dejan desenfrenar, pueden convertirse en obsesiones. El paso entre la prudencia y la paranoia es corto y escarpado. Prudencia usa el cinturón de seguridad. Paranoia evita viajar en automóvil. Prudencia lava con jabón. Paranoia evita todo contacto con otra persona. Prudencia ahorra para la vejez. Paranoia junta todo, aun basura. Prudencia se prepara y hace planes. Paranoia se deja llevar por el pánico. Prudencia calcula el riesgo y luego se zambulle. Paranoia nunca entra al agua.

Las palabras *zambullirse* y *agua* me vienen a la mente mientras escribo este capítulo sentado al costado de la piscina de un hotel. (Es sorprendente lo que pueden hacer por la creatividad el calor del sol, una soda fresca y una silla de playa.) Un padre y sus dos hijas pequeñas están jugando. Él está en el agua, y ellas saltan a sus brazos. Permíteme repetir esto: una salta, la otra está pensando. La que está seca mira con alegría cuando su hermana salta. Ella baila de un lado a otro mientras su hermana salta. Pero cuando el padre la invita a hacer lo mismo, sacude la cabeza y se aleja.

¡Una parábola viva! ¿Cuántas personas pasan la vida al borde de la piscina? Consultando la precaución. Ignorando la fe. Nunca dan el salto. Son felices disfrutando la vida vicariamente a través de otros. Prefieren no arriesgarse en lugar de correr un riesgo. Por temor a lo peor, nunca disfrutan la vida al máximo.

En contraste, las hermanas de ellas saltan. No en necio desenfreno, sino con fe en la bondad del corazón del padre, y confianza en los brazos del padre. Esa fue la elección de Jesús. Él hizo más que hablar sobre el temor. Lo enfrentó.

Los hechos decisivos del drama del evangelio se presentan en dos escenarios: el huerto de Getsemaní y la cruz del Gólgota. La cruz de aquel viernes fue testigo del sufrimiento más severo. Aquel jueves, el huerto presenció el temor más profundo. Fue aquí, en medio de los olivos, que «Jesús se postró en tierra, y oró que si fuese posible, pasase de él aquella hora. Y decía: Abba, Padre, todas las cosas son posibles para ti; aparta de mí esta copa; mas no lo que yo quiero, sino lo que tú» (Marcos 14.35-36).

Un lector una vez me telefoneó y me llamó la atención por algo que escribí sobre este pasaje. A él no le gustó la forma en que describí a Cristo como con «los ojos grandes con un estupor de temor».[2] Le dije que tenía que llevar esa queja a una autoridad superior, a Marcos, el escritor de este Evangelio.

Algunas traducciones describen la figura de Cristo como con el rostro pálido y temblando. La Reina-Valera Antigua dice que Jesús «comenzó a atemorizarse y a angustiarse» (Marcos 14.33). Algunas traducciones usan la palabra *horror,* «la cual describe a un hombre que desvalido, desorientado, se encuentra agitado y angustiado por la amenaza de un evento que se aproxima».[3]

Veamos otras descripciones de Jesús:

Deprimido y confuso (Mateo 26.37);[4]

Triste y angustiado (NVI);

Muy, pero muy triste (TLA).

Nosotros nunca hemos visto a Cristo de esa forma. Ni en la tormenta de Galilea, ni tampoco con el endemoniado en la necrópolis, ni al borde del despeñadero en Nazaret con los endemoniados. Nunca hemos escuchado tales gritos de su voz ni hemos visto sus ojos abiertos al máximo. Y nunca, nunca, hemos leído una frase como esta: «Se sumergió en el hoyo de una agonía espantosa» (Marcos 14.33, paráfrasis libre). Este es un momento importante. Dios se hizo carne, la carne está sintiendo verdadero temor. ¿Por qué? ¿Qué era lo que Jesús temía?

Tenía algo que ver con una copa. «Por favor, quítame esta copa de sufrimiento». Una *copa,* en la terminología bíblica, era más que un utensilio para beber. *Copa* se usaba para hablar del enojo, juicio y castigo de Dios. Cuando Dios tuvo compasión de la apóstata Jerusalén, dijo: «Te he quitado de la mano la copa que te hacía tambalear... que es el cáliz de mi furia» (Isaías 51.22, NVI). Por medio de Jeremías, Dios declaró que todas las naciones beberían de la copa de su ira: «Toma de mi mano la copa del vino de este furor, y da de beber de él a todas las naciones a las cuales yo te envío» (Jeremías 25.15). De acuerdo a Juan, todo aquel que no sigue a Dios «beberá del vino de la ira de Dios, que ha sido vaciado puro en el cáliz [copa] de su ira; y será atormentado con fuego y azufre delante de los santos ángeles y del Cordero» (Apocalipsis 14.10).

La copa representaba la peor circunstancia en la que Jesús se podía encontrar: como recipiente de la ira de Dios. Él nunca había sentido la furia de Dios, no la merecía. Nunca había experimentado aislamiento del Padre, los dos habían sido uno por toda la eternidad. Nunca había conocido la muerte física; era un ser inmortal. Sin embargo, dentro de unas pocas horas, Jesús enfrentaría todo eso. Dios desataría su ira provocada por su odio al pecado, en su Hijo, cubierto de pecado. Y Jesús sintió miedo. Miedo mortal. Y lo que hizo con su temor nos muestra lo que nosotros debemos hacer con el nuestro.

Jesús oró. Les dijo a sus seguidores: «Sentaos aquí, entre tanto que voy allí y oro» (Mateo 26.36). Una oración no fue suficiente. «Otra vez fue, y oró por segunda vez ... y oró por tercera vez, diciendo las mismas palabras» (vv. 42, 44). Inclusive solicitó el apoyo en oración de sus seguidores. «Velad y orad, para que no entréis en tentación», los instó (v. 41).

Jesús enfrentó su temor más grande con una oración sincera.

No compliquemos este tema. ¿No es lo que hacemos?

Indicamos palabras para orar, lugares donde orar, ropa para orar, posiciones para orar, duración, entonación y formalidades. Y, sin embargo, el pedido de Jesús no tenía nada de eso. Fue breve (dieciocho palabras en español) y directo («Padre mío, si no puedes pasar de mí esta copa sin que yo la beba»), y demostró confianza («hágase tu voluntad»). Bajo en pompa y alto en autenticidad. No como un santo que usa palabras rebuscadas en el santuario, sino como un niño asustado sentado en las rodillas de su papá.

Eso es. La oración de Jesús en el huerto es la oración de un niño. *Abba*, oró, usando las palabras simples que emplearía un niño mientras con rapidez se sienta en las rodillas de papá.

Mi padre dejaba que yo me sentara en sus rodillas... ¡mientras conducía su vehículo! Hoy en día sería arrestado por hacer eso. Pero hace medio siglo a nadie le importaba. Especialmente en un campo de petróleo al oeste de Texas, plano como un panqueque, en el cual había más conejos que gente. ¿A quién le importaba si el pequeño Max se sentaba en las rodillas de papá mientras conducía el camión de la compañía (oh, perdón, Exxon), de torre a torre de perforación?

A mí me encantaba. ¿Importaba que no pudiera ver por encima del tablero de instrumentos? ¿Que a mis pies les faltaran sesenta centímetros para llegar al freno y al acelerador? ¿Que yo no supiera la diferencia entre una radio y un carburador? De ninguna manera. Yo ayudaba a mi papá a conducir su camión.

Hubo ocasiones en que aun me dejó elegir el itinerario. Cuando llegábamos a una intersección, me decía: «¿A la derecha o a la izquierda, Max?» Yo levantaba mi rostro lleno de pecas por sobre el volante, consideraba mis opciones y hacía mi elección.

Y lo hacía con gusto, agarrando el volante como un corredor de carreras de auto en Monte Carlo. ¿Tenía miedo de que nos fuéramos a la zanja? ¿Tomar mal la curva? ¿Meter la rueda en un hoyo? De ninguna manera. Las manos de papá estaban al lado de las mías, sus ojos más agudos que los míos. Por lo tanto, ¡yo era intrépido! Cualquiera puede conducir un automóvil sentado en las rodillas de su padre.

Y cualquiera puede orar desde la misma perspectiva.

La oración es la práctica de sentarse calmadamente en las rodillas de Dios y colocar nuestras manos en el volante. Él está a cargo de la velocidad, de las curvas difíciles y nos asegura que llegaremos bien. Y nosotros ofrecemos nuestras peticiones, le pedimos a Dios que «quite esta copa». La copa de la enfermedad, de la traición, del colapso financiero, de la falta de trabajo, del conflicto o de la senilidad. La oración es así de simple. Y una oración así de sencilla preparó a Cristo para mirar de frente a su temor más profundo.

Haz lo mismo. Pelea con tus dragones en el huerto de Getsemaní. Esos villanos persistentes y feos del corazón; habla con Dios sobre ellos. Específicamente.

No quiero perder a mi esposa, Señor. Ayúdame a temer menos y a confiar más.

Señor, mañana tengo que viajar en un avión, y no puedo dormir porque tengo miedo de que algún terrorista suba a bordo y lo haga estrellar. Por favor, quítame ese temor.

El banco acaba de llamar y van a rematar nuestra casa. ¿Qué le sucederá a mi familia? ¿Me puedes enseñar a tener fe?

Tengo miedo, Señor. El doctor acaba de llamar y las noticias no son buenas. Tú sabes lo que me espera. Te entrego mi miedo.

Sé específico en cuanto a tus temores. Identifica lo que es «esta copa» y habla con Dios acerca de ella. Poner en palabras tus preocupaciones les quita su ropaje. Parecen tontas, allí sin ropa.

Yann Martel señala esto en su novela titulada *Vida de Pi*. El personaje principal, Pi, se encuentra a la deriva en el mar en un bote salvavidas de veintisiete pies [casi diez metros] de largo, con un tigre de bengala que pesa cuatrocientas cincuenta libras [cien kilos] como compañero. Pi estaba en este aprieto porque su padre, que era dueño de un zoológico, quebró y embarcó a su familia en un buque con destino al Canadá. El barco se hundió, dejando a Pi con el tigre (llamado Richard Parker) solo en el océano. Mientras estaba en el bote salvavidas, Pi comenzó a analizar sus temores, tanto del mar como del tigre.

> Debo decir algo sobre el temor. Es el único oponente real de la vida. Solo el miedo puede derrotar a la vida. Es un adversario inteligente y traicionero, lo sé muy bien. No tiene decencia, no respeta ni leyes ni códigos sociales, ni muestra misericordia. Va directo a tu punto más débil, el cual encuentra con certera facilidad. Siempre empieza en la mente. Un momento te sientes en calma, dueño de ti mismo, feliz. Entonces el temor, disfrazado con el afable traje de la duda, se te mete en la mente como un espía. La duda se

> encuentra con la incredulidad y la incredulidad trata de empujarla para que se vaya. Pero la incredulidad es un soldado de infantería mal armado. La duda se deshace de ella sin muchos problemas. Te vuelves ansioso. La razón comienza a pelear a favor tuyo. La razón está completamente equipada con las armas más modernas de la tecnología. Pero, para tu sorpresa, a pesar de las tácticas mejores y de la cantidad de victorias innegables, la razón pasa a segundo plano. Sientes que te debilitas, flaqueas. Tu ansiedad se convierte en temor...
>
> Con rapidez tomas decisiones precipitadas. Despachas a tus últimos aliados: la esperanza y la confianza. Allí, te has derrotado a ti mismo. El temor, que es solo una impresión, ha triunfado sobre ti.[5]

Pi se da cuenta de que no se puede razonar con el temor. La lógica no convence al temor para que salte al precipicio, ni hace que subas al avión. Entonces, ¿qué es lo que hace? ¿Cómo puede evitar uno entregarse al enemigo, como cuando se tira la toalla en el cuadrilátero? Pi da este consejo:

> Debes pelear duro para expresarlo. Debes pelear fuerte para hacer brillar la luz de las palabras sobre él. Porque si no lo haces, si tu temor se convierte en una oscuridad sin palabras a la que evitas, tal vez hasta te las arregles para olvidar, te hagas más sensible a los ataques de temor, porque en realidad nunca has combatido con el oponente que te derrotó.[6]

Nos corresponde a nosotros abrir las cortinas, exponer nuestros temores, cada uno de ellos. Al igual que los vampiros, no pueden soportar la luz. Los temores financieros, los temores relacionales, los temores profesionales, los temores por la seguridad; nómbralos en tu oración. Sácalos fuera con las manos de la mente, y haz que se paren delante de Dios y reciban su merecido.

Jesús hizo públicos sus temores. Ofreció «ruegos y súplicas con gran clamor y lágrimas al que podía librar de la muerte» (Hebreos 5.7). Oró lo suficientemente fuerte como para poder ser oído y que se registrara lo que dijo, y les rogó a su comunidad de amigos que oraran con Él.

Para los creyentes, su oración en el huerto llega a ser un cuadro de la iglesia en acción, un lugar donde los temores se pueden verbalizar, pronunciar, quitar y renunciar a ellos; un escape de la «oscuridad sin palabras» de los temores reprimidos. Una iglesia saludable es donde nuestros temores van a morir. Los herimos con las Escrituras, salmos de celebración y lamentos. Los derretimos bajo la luz de la confesión. Los extinguimos con la catarata de la adoración, escogiendo poner la mirada en Dios, no en nuestros temores.

La próxima vez que te encuentres enfrentando un temor de que te ocurra lo peor, haz lo siguiente: Verbaliza tu miedo ante un grupo de personas de confianza que busquen a Dios. Este es un paso esencial. Encuentra tu versión de Pedro, Jacobo y Juan. (Se espera que los tuyos permanezcan despiertos.) Lo importante (y la buena noticia) es: no es necesario que vivas solo con tu temor.

Además, ¿y qué si tu temor no es sino un engaño del enemigo? ¿Una broma pesada inventada en el infierno para robarte el gozo?

Tengo un amigo que temía recibir una carta del Servicio de Impuestos Internos. Según un cálculo anterior, él les debía y no tenía dinero. Le dijeron que esperara una carta detallándole la suma. Cuando llegó la carta, el valor lo abandonó. No podía ni pensar en abrirla, así que el sobre estuvo en su escritorio durante cinco días mientras él se retorcía de temor. ¿Cuánto dinero sería? ¿De dónde lo sacaría? ¿Por cuánto tiempo lo mandarían a la cárcel? Finalmente consiguió las fuerzas para abrir el sobre. Lo que encontró no fue una cuenta que debía pagar, sino un cheque para cobrar. Sucedió que el Servicio de Impuestos Internos le debía dinero a él. Él había malgastado cinco días en un temor infundado. Son muy pocos los monstrous que merecen el temor que les tenemos.

Como seguidores de Dios, tú y yo tenemos una ventaja enorme. Sabemos que todo va a salir bien. Cristo no ha sido sacado de su trono y Romanos 8.28 no se ha esfumado de la Biblia. Nuestros problemas siempre han sido sus posibilidades. El rapto de José resultó en la preservación de su familia. La persecución de Daniel lo llevó a un puesto en un gabinete de gobierno. Cristo entró al mundo por medio de un embarazo sorpresa y lo redimió por su injusta muerte. ¿Nos atrevemos a creer lo que enseña la Biblia? ¿Que no hay ningún desastre que finalmente sea fatal?

Crisóstomo fue arzobispo de Constantinopla desde el año 398 al 404 de nuestra era. Muchos lo siguieron debido a su elocuente criticismo de los ricos y poderosos. Las autoridades lo desterraron dos veces, y una vez preguntó: «¿De qué puedo tener temor? ¿De la muerte? Pero ustedes saben que Cristo es mi vida, y que voy a ganar con la muerte. ¿Del exilio? La tierra y todo lo que hay en ella es del Señor. ¿Será a la pérdida de las riquezas? Nada hemos traído a este mundo, y nada sacaremos de él. Por eso todos los terrores del mundo son despreciables ante mis ojos, y sonrío a todas sus cosas buenas. No le temo a la pobreza; no anhelo las riquezas. La muerte no me amedrenta».[7]

El apóstol Pablo hubiera aplaudido ese párrafo. Él escribió sus palabras finales en las entrañas de una prisión, encadenado a un guardia, y podía escuchar los pasos de sus verdugos. ¿Le estaba por ocurrir lo peor? No de acuerdo a la perspectiva de Pablo. «El Señor me librará de toda obra mala, y me preservará para su reino celestial. A él sea gloria por los siglos de los siglos. Amén» (2 Timoteo 4.18).

Pablo escogió confiar en su Padre.

A propósito, me alegra informarles que la niña que estaba al costado de la piscina decidió confiar en su padre. Después de mucho engatusamiento de parte de su padre y de su hermana, se apretó la nariz y saltó. En el último recuento, saltó por lo menos doce veces. ¡Fantástico! Otro temor ha sido víctima de la confianza.

Capítulo 8

Este planeta cruel

No temáis a los que matan el cuerpo,
mas el alma no pueden matar.

—Mateo 10.28

Temor a la violencia

El golfista más grande en la historia del deporte se sentó a desayunar, sin siquiera sospechar que sería su última comida. Byron Nelson había dormido bien la noche anterior, mejor que en varios días. Se duchó, afeitó y luego sonrió cuando su esposa, Peggy, anunció el desayuno: salchichas, panecillos y huevos.

Él tenía noventa y cuatro años, y hacía sesenta y uno que no jugaba golf: había ganado once competencias sucesivas. Tiger Woods ganó seis seguidas. Arnold Palmer ganó tres; lo mismo que Sam Snead, Ben Hogan y unos pocos más. Pero el récord de Nelson de once seguidas se destaca como un roble en un campo de trigo. Se retiró un año después, y compró una hacienda cerca de Fort Worth, Texas, donde vivió pacíficamente hasta que Dios lo llamó a su hogar el 26 de septiembre de 2006.

Después de lavar los platos, se sentó a escuchar su programa radial cristiano favorito. Peggy se fue a un estudio bíblico en la iglesia. («Estoy orgulloso de ti», le dijo a ella.) Ella regresó unas horas más tarde y lo encontró en el suelo. Ninguna señal de dolor ni de lucha. Simplemente se le había parado el corazón.[1]

La Rusia de la primera parte de 1950 tenía pocas excusas para encarcelar a sus ciudadanos. Bastaba que una persona pusiera en duda una decisión de Stalin o hablara en contra del régimen comunista, y se podía encontrar caminando en la congelada tundra detrás de los alambrados de púas de un campo de concentración soviético. Es lo que le sucedió a Boris Kornfeld. No ha sobrevivido ningún registro de sus crímenes, solo algunos detalles vagos de su vida. Era judío y doctor de profesión. Había trabado amistad con un creyente en Cristo.

Con mucho tiempo en las manos, los dos hombres participaron en largas y vigorosas discusiones. Kornfeld comenzó a conectar al Mesías prometido del Antiguo Testamento con el Nazareno del Nuevo. Seguir a Jesús iba en contra de todas las fibras de sus antepasados, pero al final fue lo que escogió.

La decisión le costó la vida.

Vio a un guardia robarle pan a un hombre moribundo. Antes de su conversión, Kornfeld nunca hubiera reportado el crimen. Ahora su conciencia lo obligó a hacerlo. Pasó muy poco tiempo antes de que otros guardias se vengaran. Kornfeld, aun corriendo peligro, estaba en perfecta paz. Por primera vez en su vida, no le temía ni a la muerte ni a la eternidad. Su deseo era contarle a alguien su descubrimiento antes de perder la vida.

La oportunidad se le presentó con un paciente de cáncer,

otro preso que se estaba recuperando de una operación al estómago. Cuando estuvo solo con el hombre en la sala de recuperación, Kornfeld con urgencia le susurró su historia. Compartió cada detalle. El hombre joven se conmovió, pero estaba tan adormecido con la anestesia, que se durmió completamente. Cuando despertó, pidió ver al médico. Fue demasiado tarde. Durante la noche, alguien le había dado al doctor ocho golpes en la cabeza con un martillo de construcción. Algunos colegas habían tratado de salvarle la vida, pero no lo lograron.[2]

Byron Nelson y Boris Kornfeld tenían las mismas convicciones. Anclaron su fe a la misma roca, colocaron su mirada en el mismo cielo y confiaron en el mismo Salvador. Y, sin embargo, uno se fue al cielo por un camino de paz, mientras que el otro por un torbellino de brutalidad.

Si me dieran a elegir, yo quisiera morir como el señor Nelson.

Los héroes de Hebreos que no han sido mencionados también lo hubieran preferido. Sus historias ocupan un curioso párrafo hacia el final del desfile de patriarcas. Siguen a los más conocidos nombres de Abel, de quien se dice «y muerto, aún habla» (Hebreos 11.4); Enoc, quien «fue traspuesto para no ver muerte» (v. 5); Noé, quien «fue heredero de la justicia» (v. 7); Abraham y Sara, cuyos descendientes son «como la arena innumerable que está a la orilla del mar» (v. 12).

Una persona puede leer hasta aquí y sacar una conclusión. Dios recompensa las vidas fieles con serenidad y legados de novela. Vive bien. Vive pacíficamente. ¿No es verdad? Entonces lee los versículos 35 al 37 que presentan el lado duro: «Mas otros fueron atormentados, no aceptando el rescate, a fin de obtener mejor resurrección. Otros experimentaron vituperios y azotes, y a más de esto prisiones y cárceles. Fueron apedreados, aserrados, puesto a prueba, muertos a filo de espada; anduvieron de acá para allá cubiertos de pieles de oveja y de cabras, pobres, angustiados, maltratados».

Contrario a lo que esperaríamos, la gente buena no está exenta de sufrir violencia. Los violadores no examinan a las víctimas de acuerdo a sus currículum vítae espirituales. Los sedientos de sangre son malvados y no dejan de lado a los que van camino al cielo. No estamos protegidos. Pero tampoco estamos intimidados. Jesús tiene una o dos palabras acerca de este mundo violento: «No temáis a los que matan el cuerpo, mas el alma no pueden matar» (Mateo 10.28).

Los discípulos necesitaban esta afirmación. Jesús les acababa de decir que esperaran azotes, juicios, muerte, odio y persecución (vv. 17-23). No fue la clase de charla alentadora que se da en el vestuario al equipo. Para mérito de ellos, ninguno desertó. Tal vez no lo hicieron por el recuerdo reciente de los músculos flexionados de Jesús en el cementerio. Jesús recién había llevado a sus discípulos a «la otra orilla, a la tierra de los gadarenos, [donde] vinieron a su encuentro dos endemoniados que salían de los sepulcros, feroces en gran manera, tanto que nadie podía pasar por aquel camino. Y clamaron diciendo: ¿Qué tienes con nosotros, Jesús, Hijo de Dios? ¿Has venido acá para atormentarnos antes de tiempo?» (Mateo 8.28-29).

Las reacciones más inmediatas y dramáticas a la presencia de Dios en la tierra provienen de demonios como estos: los numerosos, invisibles, que no tienen sexo, malvados demonios de Satanás. Estos dos hombres estaban poseídos de demonios, y por lo tanto eran extremadamente violentos. La gente daba grandes rodeos alrededor del cementerio para evitarlos.

No así Jesús. Él marchó como si fuera el dueño del lugar. Los asombrados demonios no esperaban verlo en territorio del diablo, en el costado del mar de Galilea que les correspondía a los extranjeros, la región de los paganos y los cerdos. Los judíos evitaban tales lugares. Jesús no.

Los demonios y Jesús no necesitaron ser presentados. Ya habían luchado en otros lugares, y a los demonios no les interesaba un segundo partido. Ni siquiera intentaron pelear. «¿Has venido acá para atormentarnos antes de tiempo?» (v. 29). Daban marcha atrás. Tartamudeaban. ¿Traducción? «Sabemos que al final la vamos a perder, ¿pero podemos duplicar nuestros esfuerzos mientras tanto?» Se recogieron como marionetas sin hilos. Su pedido fue patético: «Permítenos ir a aquel hato de cerdos» (v. 31).

Y Jesús lo hizo. «Id», y les sacó los demonios a los hombres. No dio voces, ni gritó, ni encantamientos, baile, incienso ni demanda. Solo una pequeña palabra. Él que sostiene el universo con una palabra dirige el tránsito de los demonios también con la misma palabra.

Aunque estén demonios mil
prontos a devorarnos,

no temeremos, porque Dios
sabrá cómo ampararnos.
¡Que muestre su vigor,
Satán y su furor!
Dañarnos no podrá,
pues condenado es ya
por la Palabra Santa.[3]

La lucha entre el bien y el mal duró unos pocos segundos. Cristo es fuego y los demonios son ratas en la embarcación. Se lanzaron por la borda cuando apenas empezaron a sentir el calor.

Este es el balance en el cual Jesús escribe el cheque del valor: «No temáis a los que matan el cuerpo, mas el alma no pueden matar» (Mateo 10.28). Tú habitas en la guarnición que está bajo el cuidado de Dios. «¿Quién nos separará del amor de Cristo? ¿Tribulación, o angustia, o persecución, o hambre, o desnudez, o peligro, o espada? ... Ni lo alto, ni lo profundo, ni ninguna otra cosa creada nos podrá separar del amor de Dios, que es en Cristo Jesús Señor nuestro» (Romanos 8.35, 39).

El valor emerge, no de un aumento en las fuerzas policiales de seguridad, sino de la madurez espiritual incrementada. Martin Luther King fue un ejemplo de ello. Escogió no tenerles miedo a los que querían dañarlo. El 3 de abril de 1968, pasó horas en un avión, esperando en la pista, debido a amenazas de bombas. Cuando llegó aquel día a la ciudad de Memphis, estaba cansado y con hambre, pero no tenía miedo.

«Tenemos días difíciles delante de nosotros», habló a la

multitud. «Pero eso no me importa ahora. Porque he estado en la cima de la montaña. Y no me preocupa. Como cualquier persona, me gustaría tener una larga vida. La longevidad tiene su lugar. Pero ahora no estoy preocupado por eso. Solo quiero hacer la voluntad de Dios. Y Él me ha permitido subir hasta la cima de la montaña. Y miré alrededor. Y vi la tierra prometida. Tal vez no llegue allí con ustedes. Pero quiero que sepan que nosotros, como un pueblo, vamos a llegar a la tierra prometida. Y esta noche me siento feliz. No estoy preocupado por nada. No le tengo temor a nadie. Mis ojos han visto la gloria de la venida del Señor».[4]

En menos de veinticuatro horas, estaba muerto. Pero las personas que quisieron dañarlo estuvieron muy lejos de su meta. Le quitaron el aliento, pero no le pudieron quitar el alma.

En su libro, que ganó una distinción, sobre el genocidio en Ruanda en 1994, Philip Gourevitch cuenta la historia de Thomas, un tutsi que había sido marcado para que lo mataran. Era uno de los pocos que había escapado de la matanza a machete de los asesinos hutu.

> Thomas me dijo que había sido adiestrado como Boy Scout «para observar el peligro y estudiarlo, pero a no temerle», y me sorprendí de que cada uno de sus encuentros con el poder hutu había seguido un patrón: cuando el ministro le había ordenado que volviera a su trabajo, cuando los soldados vinieron por él, y cuando le dijeron que se sentara en la calle, Thomas siempre se rehusó antes de obedecer. Los asesinos estaban acostumbrados a encontrarse con el temor, y

> Thomas siempre había actuado como si hubiera algún malentendido para que alguien sintiera la necesidad de amenazarlo.[5]

Los malvados tienen menos posibilidades de lastimarte si tú ya no eres una víctima. «El temor del hombre pondrá lazo; mas el que confía en Jehová será exaltado» (Proverbios 29.25). Recuerda, que mandará «a sus ángeles... [para] que te guarden en todos tus caminos» (Salmos 91.11). Él es tu «refugio» (Salmos 62.8), tu «amparo» (Salmos 46.1), tu «fortaleza» (2 Samuel 22.2-3). «Jehová está conmigo; no temeré lo que me pueda hacer el hombre» (Salmos 118.6). Satanás no puede llegar a ti sin pasar a través de Dios.

Entonces, ¿qué debemos pensar acerca de las ocasiones cuando Satanás llega a nosotros? ¿Cómo se supone que entendamos la violencia que se anota en Hebreos 11 o el trágico fin de Boris Kornfeld? O, aun más importante, ¿cómo debemos entender el sufrimiento de Jesús? Cuerdas. Azotes. Espinas. Clavos. Estos marcan sus momentos finales. ¿Puedes escuchar el látigo cuando le pega en la espalda, desgarrando los tendones de los huesos? Treinta y nueve veces el cuero corta, primero el aire, luego la piel. Jesús se afirma en el poste y gime, sufriendo ola tras ola de violencia. Los soldados le ponen una corona de espinas en la cabeza, hieren su rostro con golpes y lo cubren de saliva. Colocan la cruz sobre sus hombros, y lo obligan a marchar colina arriba. Este es el condenado que afila su propia guillotina, ata el nudo con el que lo van a ahorcar, pone los cables en su propia silla eléctrica. Jesús cargó la herramienta con la cual lo iban a ejecutar. La cruz.

Cicerón se refirió a la crucifixión como «el castigo más cruel y terrible».[6] En la fina sociedad romana, la palabra *cruz* era un término obsceno. Los soldados romanos estaban exentos de ser crucificados excepto por asuntos de traición. Era horroroso y vil, duro y degradante. Y fue la forma en la cual Jesús escogió morir. «Y estando en la condición de hombre, se humilló a sí mismo, haciéndose obediente hasta la muerte, y muerte de cruz» (Filipenses 2.8).

Una muerte menos violenta hubiera sido suficiente. Una sola gota de sangre habría redimido a la humanidad. Derrama la sangre, deja de respirar, sin pulso, pero hazlo todo con rapidez. Traspasa su corazón con una espada. Dale una puñalada en el cuello. ¿La paga del pecado demandó seis horas de violencia?

No, pero su triunfo sobre el sadismo, sí. De una vez por todas, Jesús desplegó su autoridad sobre el salvajismo. El mal puede mostrar su cabeza de vez en cuando, pero será por un corto tiempo. Satanás soltó sus demonios más malvados en el Hijo de Dios. Satanás torturó cada terminación nerviosa y lo atacó con el mayor sufrimiento. Sin embargo, el amo de la muerte no pudo destrozar al Señor de la vida. Lo mejor del cielo tomó lo peor del infierno y lo convirtió en esperanza.

Mi oración es que Dios te libre de tal mal. Quiera Él concederte una larga vida y que mueras pacíficamente como Byron Nelson. Pero si no es así, si te «es concedido a causa de Cristo, no sólo que [creas] en él, sino también que [padezcas] por él» (Filipenses 1.29), recuerda que Dios no desperdicia el dolor.

Considera el caso de Boris Kornfeld, el doctor ruso que

murió a golpes debido a sus convicciones. Aunque murió, su testimonio sobrevivió. El hombre con quien él habló nunca olvidó la conversación.

Allí en el salón de recuperación del hospital militar, el médico se sentó al lado de la cama de su paciente, ofreciendo compasión y paz. Dr. Kornfeld relató con fervor la historia de su conversión al cristianismo, enfatizando cada palabra con convicción. El paciente estaba muy caliente de fiebre pero estaba lo suficientemente alerta como para considerar las palabras del Dr. Kornfeld. Después escribiría que sintió un «conocimiento místico» en la voz del médico.

El «conocimiento místico» transformó al joven paciente, que aceptó al Cristo de Kornfeld y más tarde celebró con este verso.

> ¡Dios del universo! ¡Creo otra vez![7]

El paciente sobrevivió los campos de concentración y comenzó a escribir acerca de sus experiencias de prisionero, revelando los horrores del *Gulag*. Una revelación tras otra: *Un día en la vida de Ivan Denisovich, Archipiélago Gulag, Live Not by Lies*. Algunos atribuyen el colapso del comunismo oriental en parte a sus escritos. Pero si no hubiera sido por los sufrimientos de Kornfeld, nunca hubiéramos sabido de su joven y famoso convertido: Alexander Solzhenitsyn.

Lo que el hombre diseñó para mal, otra vez, Dios lo usó para bien.

Capítulo 9

Dinero ficticio

No temáis, manada pequeña, porque a vuestro
Padre le ha placido daros el reino.

—Lucas 12.32

Temor al invierno venidero

Un campeón del juego Monopolio está sentado en tu oficina. El Michael Phelps de los juegos de mesa. El Pelé del juego. Se pasa todo el día ganándoles a los competidores, coleccionando casas, lugares en la avenida Park, y dinero ficticio de la misma forma en que Salomón coleccionaba esposas. Nunca va a la cárcel, siempre pasa de largo, y tiene direcciones permanentes en las avenidas Illinois y Kentucky. Si la revista *Fortune 500* clasificara a los millonarios de Monopolio, este hombre sería más rico que Warren Buffett. Nadie tiene más dinero que él.

Y él quiere que tú lo ayudes a invertirlo. Después de todo, tú eres un experto en finanzas. Hablas el lenguaje de las acciones y de las inversiones de capital, tienes mucha experiencia con los planes de retiro, los fondos de inversión mobiliaria y el mercado de valores. Pero toda tu experiencia no te preparó para su pedido. Aquí está él, en tu oficina, rodeado de bolsas de dinero color rosa y de pequeños edificios de plástico. ¿Invertir las ganancias obtenidas en Monopolio?

«Tengo trescientas catorce propiedades en Parks, doscientas cuarenta y cuatro en Boardwalks, y suficiente ferrocarril como para darle la vuelta al mundo como hilo en un carretel».

¿Habla en serio este hombre? Tratas de ser amable. «Parece que ha amasado una gran fortuna en Monopolio».

Él cruza los brazos y sonríe. «Por cierto que sí. Y estoy listo para que usted la ponga a trabajar. Es hora de que yo descanse y tome las cosas con calma. Que otro sea el que monopolice Monopolio por un tiempo».

Tú le echas otra mirada a la pila de dinero ficticio y propiedades de juguete y abandonas el tacto: «Señor, usted está loco. Su dinero no tiene valor. Su efectivo no puede hacer nada. Fuera de su juego, no vale nada. Lamento decirle esto, pero ha cometido un tonto error. Es más, usted es un tonto».

Palabras fuertes. Pero si decides usarlas, estás en compañía de Dios.

> [Jesús] también les refirió una parábola, diciendo: La heredad de un hombre rico había producido mucho. Y él pensaba dentro de sí, diciendo: ¿Qué haré, porque no tengo dónde guardar mis frutos?
>
> Y dijo: Esto haré: derribaré mis graneros, y los edificaré mayores, y allí guardaré todos mis frutos y mis bienes; y diré a mi alma: Alma, muchos bienes tienes guardados para muchos años; repósate, come, bebe, regocíjate.
>
> Pero Dios le dijo: Necio, esta noche vienen a pedirte tu

alma; y lo que has provisto, ¿de quién será? (Lucas 12.16-21)

Él parecía un hombre decente, ese granjero rico. Lo suficientemente inteligente como para tener ganancias, y bien espabilado como para disfrutar de beneficios inesperados. Por lo que sabemos, hizo su fortuna honradamente. No se hace mención a que hubo explotación o malversación de fondos. Él usó el talento que Dios le había dado y tuvo éxito. Emocionado ante ello, resolvió aprender una lección de la fábula de la hormiga y la langosta.

La langosta, recordarás, se preguntaba por qué la hormiga trabaja tan duro durante los días del verano. «¿Por qué no vienes a hablar conmigo en lugar de trabajar de esa forma?» La hormiga le explicó su trabajo. «Estoy ayudando a juntar comida para el invierno, y te recomiendo que hagas lo mismo». Pero la langosta prefería revolotear en lugar de trabajar. Así que mientras la hormiga se preparaba, la langosta jugaba. Y cuando el invierno trajo sus fuertes vientos con campos sin alimentos, la hormiga comía maíz, mientras la langosta se paraba en una esquina con un cartel de cartón que decía: «Haré cualquier trabajo por un poco de comida. Llegaré de un salto».

El rico en la historia de Jesús no iba a hacer el papel de la langosta. No tendría que hacer cola para que le regalaran comida o para tomar un plato de sopa caliente. Y tampoco colas para comida o sopa para nosotros. Podemos tener empatía con el próspero granjero. Para decir la verdad, queremos aprender de su éxito. ¿Ha escrito un libro (*Graneros más grandes para el retiro*)? ¿Presenta seminarios («Cómo lograr que su granero se mantenga lleno en doce pasos simples»)? El granjero, ¿no representa el modelo de planear con responsabilidad? Y, sin embargo, Jesús lo corona con el sombrero que se les pone a los tontos. ¿En qué fue lo que se equivocó este sujeto? Jesús responde llenando tres párrafos de verbos en primera persona. Lee el corazón de la parábola fijándote en el corazón del que hizo la inversión:

> Y dijo: Esto *haré*: *derribaré* mis graneros, y los *edificaré* mayores, y allí *guardaré* todos mis frutos y mis bienes; y *diré* a mi alma: Alma, muchos bienes tienes guardados para muchos años; *repósate, come, bebe, regocíjate*. (Lucas 12.18-19)

Este hombre rico vivía en una casa de espejos de un solo cuarto. Miraba al norte, al sur, al este y al oeste, y siempre veía a la misma persona: YO. No *ellos*, o ustedes. Solo *yo*. Aun cuando le habló al alma, habló de sí mismo: «Muchos bienes tienes, ahora descansa».

Y eso fue lo que hizo. Guardó, con éxito, suficientes cosas como para comer, beber y regocijarse. Así que se mudó a la parte más importante de la ciudad, compró una casa de cinco dormitorios y con varios niveles en el mejor lugar del club de golf. Desempacó los camiones que lo mudaron, estableció sus cuentas bancarias, y se zambulló en la piscina de su patio. Qué lástima que se olvidó de llenarla con agua. Se golpeó la cabeza en el fondo de concreto y despertó en la presencia de Dios, que no estaba impresionado en lo más mínimo con su cartera de acciones. «Necio, esta noche vienen a pedirte tu alma; y lo que has provisto, ¿de quién será?» (v. 20).

El hombre rico fue a la persona equivocada («pensaba dentro de sí»), y formuló la pregunta equivocada («¿qué haré»). Su error no fue que hizo planes, sino que sus planes no incluían a Dios. Jesús no criticó las riquezas del hombre sino su arrogancia; no la presencia de metas personales, sino la ausencia de Dios en esas metas. ¿Y qué si hubiera llevado el dinero a la persona correcta (Dios) con la pregunta correcta?: «¿Qué quieres que haga?»

La acumulación de riquezas es una defensa popular ante el miedo. Puesto que tememos perder nuestros trabajos, el seguro de salud o los beneficios de la jubilación, amasamos posesiones, pensando que cuanto más tengamos, tanto más seguros estaremos. La misma inseguridad motivó a los constructores de la torre de Babel. La nación que se había esparcido después del diluvio en tiempos de Noé, decidió poner sus carretas en un círculo. «Vamos, edifiquémonos una ciudad y una torre, cuya cúspide llegue al cielo; y hagámonos un nombre, por si fuéramos esparcidos sobre la faz de toda la tierra» (Génesis 11.4).

¿Detectas el temor en esas palabras? La gente tenía miedo de ser esparcida y estar separada. Y sin embargo, en vez de volverse a Dios, se volvieron a las cosas que tenían. Acumularon e hicieron pilas. Coleccionaron y construyeron. Las noticias de sus esfuerzos llegarían a los cielos y mantendrían alejados a sus enemigos. El lema de la ciudad de Babel era: «Cuantas más cosas juntes, tanto más seguro estarás». Así que juntaron cosas. Hicieron pilas de piedras, argamasa y ladrillos, carteras de bienes raíces, acciones y cuentas de ahorro. Acumularon reservas en fondos de pensión, posesiones y propiedades. Su torre de cosas se hizo tan alta, que les dolía el cuello cuando la miraban.

«¡Estamos a salvo!», dijeron en la ceremonia de dedicación.

«No, no lo están», rectificó Dios. Y los constructores de Babel comenzaron a hablar en forma extraña. La ciudad que tenía una sola lengua se convirtió en la *glosolalia* de las Naciones Unidas, menos los intérpretes. ¿No usa Dios una corrección idéntica hoy en día? Urdimos inversiones de fondos e impuestos, nos escondemos detrás de las inversiones de alto riesgo. Confiamos en los fondos de retiro y en las pensiones al punto que los balances en los estados de cuenta determinan el nivel de cómo no sentimos. Pero entonces llegan las recesiones a nivel de huracán y las bajas en la bolsa, y la confusión comienza de nuevo.

Durante el colapso económico de octubre de 2008, un hombre que vivía en Stamford, Connecticut, amenazó con volar un banco cuando perdió quinientos mil dólares de su cartera de inversiones que sumaba dos millones, y matar a muchas personas inocentes si era necesario.[1] Como si una violencia de esa clase pudiera hacer algo para reparar su pérdida. El temor nunca ha sido famoso por su lógica.

Si no existiera Dios, guardar posesiones sería la única respuesta apropiada para un futuro incierto. Pero Dios existe, y este Dios no quiere que sus hijos confíen en el dinero. Él respondió a la insensatez del hombre rico con una oleada de apelaciones, diciendo: «No temáis», o «No os afanéis». «Vosotros, pues, no os preocupéis por lo que habéis de comer, ni por lo que habéis de beber, ni estéis en ansiosa inquietud» (vv. 22, 29).

No sigas los pasos del rico insensato que tenía mucho dinero pero poco sentido en las cosas espirituales. Al contrario, «No temáis, *manada pequeña*, porque a vuestro Padre le ha placido daros el reino» (v. 32). Esta es la única ocasión en que Jesús nos llama «manada pequeña». La discusión de las provisiones impulsa esta preocupación pastoral.

Una vez anduve a caballo junto a una pastora a través de las Montañas Negras de Escocia. Los verdes valles parecían adornados de algodón con las cabezas de las ovejas. Llegamos ante un miembro de aquella manada que se había metido en un aprieto. La oveja se había caído de espaldas en un surco de tierra y no se podía parar.

Cuando la pastora la vio, se bajó del caballo, me miró y dijo sonriendo: «No son las más inteligentes de todos los animales». Ella paró a la oveja, la cual salió corriendo.

Nosotros tampoco somos los más inteligentes entre los animales. Pero tenemos un pastor que nos va a parar. Como un buen pastor, no nos dejará que estemos sin ropa o sin comida. «No he visto justo desamparado, ni su descendencia que mendigue pan» (Salmos 37.25). ¡Qué recordatorio tan oportuno! Cuando las casas son rematadas, o cuando las jubilaciones se esfuman, necesitamos un pastor. Y en Cristo lo tenemos. Porque a Él «le ha placido daros el reino» (v. 32).

El dar caracteriza a la creación de Dios. Desde la primera página de las Escrituras, Él se presenta como un Creador muy dadivoso. Produce en plural: estrella*s*, planta*s*, ave*s* y animale*s*. Cada uno de sus dones llega en cantidades grandes, en múltiplos y en un surtido. Y bendice a Adán y Eva con una «liturgia de abundancia»[2] y les dice que hagan lo mismo: «fructificad y multiplicaos» (Génesis 1.28).

Scrooge no creó al mundo; fue Dios.

El Salmo 104 celebra esta creación abundante con veintitrés versículos de bendiciones detalladas: los cielos y la tierra, las aguas y los arroyos, y las aves y los asnos monteses, y el vino y el aceite y el pan, y la gente y los leones. Dios es la fuente del «grande y anchuroso mar ... Todos ellos esperan en ti, para que les des su comida a su tiempo» (vv. 25, 27).

Y lo hace. Dios es el gran río. El gran proveedor. La fuente de toda bendición. Completamente generoso y se pueden depender de Él absolutamente. El mensaje que resuena y se repite en las Escrituras es claro: Dios es el dueño de todo. Dios comparte todo. ¡Confía en Él y no en las cosas!

> A los ricos de este siglo manda que no sean altivos, ni pongan la esperaza en las riquezas, las cuales son inciertas, sino en el Dios vivo, que nos da todas las cosas en abundancia para que las disfrutemos. Que hagan bien, que sean ricos en buenas obras, dadivosos, generosos; atesorando para sí buen fundamento para lo porvenir, que echen mano de la vida eterna. (1 Timoteo 6.17–19)

¿Eres rico en «este siglo»? Si tienes los recursos y la educación para leer este libro, lo eres. Casi la mitad del mundo —más de tres mil millones de personas— viven con menos de dos dólares y medio ($2.50) por día.[3] Si tus entradas son más altas, entonces eres rico, y tu prosperidad demanda doble vigilancia.

«A veces la adversidad es dura con un hombre», escribió Thomas Carlyle, «pero por cada hombre que puede tolerar la prosperidad, hay cien que soportarán la adversidad».[4] La abundancia de posesiones tiene una forma de eclipsar a Dios, sin importar la cantidad de ellas. Hay una progresión predecible desde la pobreza hasta el orgullo. El hombre pobre ora y trabaja, y Dios escucha y bendice. El hombre pobre humilde se hace rico y se olvida de Dios. El hombre humilde pobre se convierte en el hombre orgulloso y rico. Como dijera Dios a través de Oseas (13.6): «En sus pastos se saciaron, y repletos, se ensoberbeció su corazón; por esta causa se olvidaron de mí». El orgulloso hombre rico cae bajo el juicio de Dios. ¿Cómo podemos evitar eso? ¿Cómo puede una persona sobrevivir a la prosperidad?

No seas arrogante. No pienses ni por un instante que tuviste nada que ver con la acumulación de bienes. Las Escrituras dicen una cosa bien clara. Tus acciones en la bolsa, tu efectivo, tus cuentas de retiro, no son tuyas.

> He aquí, de Jehová tu Dios son los cielos, y los cielos de los cielos, la tierra, y todas las cosas que hay en ella». (Deuteronomio 10.14)

> Tuya es, oh Jehová, la magnificencia y el poder, la gloria, la victoria y el honor; porque todas las cosas que están en los cielos y en la tierra son tuyas. (1 Crónicas 29.11)

> Mía es la plata, y mío es el oro, dice Jehová de los ejércitos. (Hageo 2.8)

El rico necio de la historia de Jesús no se dio cuenta de eso. La mujer sabia que Jesús vio en el templo se dio cuenta de eso. «Y vino una viuda pobre, y echó dos blancas, o sea un cuadrante. Entonces llamando a sus discípulos, les dijo: De cierto os digo que esta viuda pobre echó más que todos los que han echado en el arca; porque todos han echado de lo que les sobra; pero ésta, de su pobreza echó todo lo que tenía, todo su sustento» (Marcos 12.42-44).

A esta mujer solo le quedaban dos centavos y, sin embargo, en lugar de gastarlos comprando pan, se los devolvió a Dios. Los financistas de la Bolsa de Valores la hubieran instado a que cortara sus donaciones. En efecto, los asesores de inversiones hubieran aplaudido la estrategia de inversión del que construyó un granero y habrían desalentado la generosidad de la mujer. Jesús hizo lo opuesto. La heroína de la mayordomía financiera fue una mujer pobre que colocó todo el dinero que tenía en el plato de las ofrendas.

No pongas tu «esperanza en las riquezas». O como dice una traducción: «Los ricos no deben ser arrogantes ni poner su esperanza en las riquezas, que son un fundamento inestable». El dinero es un fundamento inestable. Estados Unidos ha sufrido diez recesiones entre 1948 y 2001. Estas bajas duraron un promedio de diez meses cada una, y resultaron en la pérdida de billones de dólares.[5] Más o menos cada cinco años, la economía se deshace de sus «elegidos» y comienza de nuevo. ¿Qué pensarías tú de un hombre que hace lo mismo con las mujeres? ¿Qué palabra usarías para describir a un esposo que actúa como un Juan tenorio y en cincuenta años vive con nueve esposas diferentes?

¿Y qué palabra usarías para describir su esposa número diez? *Necia*. Los que confían en el dinero son necios. Se colocan en una posición ideal para ser embaucados y arrojados a una condición de vida extremadamente desdichada. La distancia entre un rico y un pobre es un paso.

Bob Russell aprendió esta distancia muy bien. Él nos cuenta esta buena historia:

> Hace algunos años nuestra familia se involucró en un juego de Monopolio. Yo estaba con suerte. La primera vez caí en la Avenida Illinois y en Park Place y compré ambas propiedades. Luego les agregué la Avenida Indiana y Boardwalk. Si alguno caía en esa calle, los tenía en mis manos. Compré los cuatro ferrocarriles. Tenía casas y hoteles; y no podía dejar de sonreír. Tenía tanto dinero, que tuve que poner algo aparte. Todos los demás estaban contando sus pequeños billetes de dólar, y yo tenía cientos y miles.
>
> Finalmente, a eso de la una de la madrugada, todos se declararon en bancarrota y yo gané. Se levantaron de la mesa sin ninguna palabra de felicitaciones, y se fueron a dormir. «Esperen un momento», les dije. «Alguien tiene que guardar el juego». Ellos me contestaron: «¡Esa es tu recompensa por ganar! ¡Buenas noches!»
>
> Y allí estaba yo. Con todos mis hoteles, todos mis títulos de propiedad, todo mi dinero, y me di cuenta de que no significaban nada. Y los tuve que poner en aquella caja. Doblé el juego y lo coloqué en la estantería. Y subí a una cama fría. Mi esposa no me dijo: «¿Sabes? Estoy muy

orgullosa de ti. Eres un inversionista tremendo. Nunca te podemos ganar. Tú eres el señor Monopolio». Me dio un beso sin mucho entusiasmo, y se dio vuelta en la cama.[6]

Lo bueno en el caso de Bob es que su error fue en un juego. Lo malo es que, en muchos casos, el error es en la vida.

> Tú no te fijes en los que se hacen ricos y llenan su casa con lujos, pues cuando se mueran no van a llevarse nada. Mientras estén con vida, tal vez se sientan contentos y haya quien los felicite por tener tanto dinero; pero al fin de cuentas no volverán a ver la luz; morirán como murieron sus padres. Puede alguien ser muy rico, y jamás imaginarse que al fin le espera la muerte como a cualquier animal. (Salmos 49.16-20, TLA)

Dios es el dueño de todas las cosas, y nos da cosas buenas para que las disfrutemos. Él es el buen Pastor para nosotros, que somos su manada pequeña. Confía en Él, y no en las cosas. Pasa del temor a la escasez a la comodidad de la provisión. Junta menos cosas y comparte más. «Hagan bien... sean ricos en buenas obras, dadivosos, generosos».

Y lo más importante, reemplaza el temor del invierno venidero con fe en el Dios viviente. Después de todo, es solo dinero del juego Monopolio. Todo vuelve a la caja cuando termina el juego.

Capítulo 10

Muerto de miedo

No se turbe vuestro corazón; creéis en Dios, creed también en mí ... Vendré otra vez, y os tomaré a mí mismo, para que donde yo estoy, vosotros también estéis.

—Juan 14.1, 3

Temor a los momentos finales de la vida

Una vez, en un sueño, me encontré con un hombre que estaba usando un sombrero estilo Indiana Jones y un abrigo de pana. Era la versión de sala de clase de Indiana Jones: distinguido, profesional, de quijada fuerte y mirada amable. Acostumbraba asistir a los funerales. Aparentemente, yo también, porque el sueño fue de un funeral tras otro; en pompas fúnebres, en capillas, al costado de tumbas. Él nunca se sacó el sombrero. Nunca le pregunté por qué lo usaba, pero sí le pedí que me explicara su presencia continua en los servicios fúnebres.

«Vengo a llevar a la gente a su hogar eterno». Si hubiera estado despierto, esta explicación hubiera ameritado una llamada al FBI (Federal Bureau of Investigation) para obtener un chequeo de su historial. Pero era un sueño, y en los sueños suceden cosas extrañas, así que no continué el sondeo. No le pregunté cuál era la fuente de su lista o en qué forma hacía el transporte. No pensé que era extraño ver su sombrero en los funerales. Pero sí que lo era encontrarme con ese hombre en una calle llena de gente.

Piensa en el desfile del Día de Acción de Gracias o en el festival del Día de la Independencia. Una avenida llena de gente: «Me sorprende verlo aquí», le dije. Él no me respondió.

Vi a uno de mis amigos parado cerca del lugar. Un buen hombre, viudo, de edad avanzada y mala salud. De pronto entendí la presencia del ángel con el sombrero.

«Ha venido por mi amigo».

«No».

Entonces el sueño hizo lo que solo hacen los sueños. Hizo que salieran todos, menos el visitante y yo. La atestada vereda se convirtió en un quieto bulevar, tan quieto que no pude interpretar mal sus siguientes palabras.

«Max, vine por ti».

Es curioso, pero no resistí, ni puse objeciones ni corrí. Sin embargo, hice un pedido. Cuando estuvo de acuerdo, de repente la calle se llenó de gente, y yo comencé a ir de persona en persona, diciéndoles adiós. No le conté a nadie en cuanto al ángel o al sombrero o adónde iba yo. En cuanto a ellos, pensaban que me verían mañana.

Pero yo sabía que no y, porque lo sabía, el mundo se me hizo claro. Fue como si el lente de la vida hubiera estado desenfocado, y con un pequeño movimiento la foto se hizo clara. Los desatinos y las ofensas fueron perdonados. El amor se amplificó. Estreché la mano de un crítico duro, le di mi billetera a un mendigo. Abracé a unos cuantos de corazón frío y de temperamento rápido. Y a mis seres muy queridos, mi esposa y mis hijas, les di una oración. No podría haber orado una más simple. *Manténgase firmes. Confíen en Cristo.*

Y entonces el sueño terminó. Me desperté. Y a la hora siguiente había anotado todos los recuerdos del sueño.

Permaneció conmigo por años. Al igual que una canción o un suéter favorito, volví a él. No puedo decir que haga lo mismo con otros sueños. Pero este se destaca porque resuena con un deseo profundo que tal vez compartas: Un deseo de enfrentar la muerte sin miedo... tal vez con una sonrisa.

¿Imposible? Algunos han dicho que sí.

Aristóteles llamó a la muerte la cosa que más temía «porque parece ser el final de todo».[1] Jean-Paul Sartre afirmó que la muerte «le quita todo el sentido a la vida».[2] Robert Green Ingersoll, uno de los más receptivos en cuanto a sus opiniones, no pudo ofrecer palabras de esperanza en el funeral de su hermano. Él dijo: «La vida es un angosto valle entre las frías y desoladas cumbres de dos eternidades. En vano tratamos de ver más allá de las alturas».[3] El pesimismo del filósofo francés François Rabelais, fue igual de glacial: «Voy al gran Tal Vez».[4] Shakespeare describió la vida después de la muerte con los términos más lúgubres en la siguiente línea de Hamlet: «El temor de algo después de la muerte, el país no descubierto de cuyos límites ningún viajero regresa».[5]

¡Qué lenguaje tan triste y deprimente! Si la muerte no es más que «el fin de todo», «desoladas cumbres», y «el gran Tal Vez», ¿cuál es la posibilidad de morir con valentía? Pero qué si los filósofos estaban equivocados. Supón que la muerte es diferente de lo que ellos pensaban, menos una maldición y más un pasaje, no una crisis que debe ser evitada, sino una esquina para doblar. ¿Y qué si el cementerio no es el dominio del lúgubre esqueleto con una guadaña, sino el dominio de Aquel que guarda nuestras almas, que un día anunciará: «¡Despierten y griten de alegría, moradores del polvo!» (Isaías 26.19, NVI)?

Esta es la promesa de Cristo: «No se turbe vuestro corazón, creéis en Dios, creed también en mí. En la casa de mi Padre muchas moradas hay; si así no fuera, yo os lo hubiera dicho; voy, pues, a preparar lugar para vosotros. Y si me fuere y os preparare lugar, vendré otra vez, y os tomaré a mí mismo, para que donde yo estoy, vosotros también estéis» (Juan 14.1-3).

Aunque las palabras de Jesús nos parezcan consoladoras, sonaron radicales para la audiencia del siglo primero. Él estaba prometiendo cumplir una hazaña que nadie se atrevía a imaginar. Regresaría de los muertos y rescataría a sus seguidores de la tumba.

El judaísmo tradicional estaba dividido en cuanto al tema de la resurrección. «Porque los saduceos dicen que no hay resurrección, ni ángel, ni espíritu; pero los fariseos afirman estas cosas» (Hechos 23.8). Los saduceos veían a la tumba como un viaje trágico de ida solamente al Seol. Sin escapatoria. Sin posibilidad de recibir libertad condicional. «Los vivos saben que han de morir; pero los muertos nada saben» (Eclesiastés 9.5).

Los fariseos se imaginaban una resurrección en «el gran día final. No hay tradiciones acerca de profetas que hayan sido resucitados a una nueva vida corporal ... Aunque Abraham,

Isaac y Jacob pueden haber sido muy exaltados en el pensamiento judío, nadie se imagina que han sido resucitado de los muertos».[6]

La filosofía griega antigua usaba diferente lenguaje que resultaba en idéntica desesperación. Su mapa de la muerte incluía el río Styx con el barquero Charon. Cuando una persona moría, su alma era llevada al otro lado del río y se soltaba en una vida posterior de espíritus sin cuerpo, sombras y penumbra.

Ese fue el paisaje en el cual Jesús entró. Los respetados pensadores entre los saduceos y los griegos no tenían nada que escribir sobre la resurrección. Los fariseos se imaginaban una vida después de la tumba, pero no hasta que la historia terminara. Pero Jesús entró en este pantano de incertidumbre y construyó un puente firme. Él prometió, no una vida después de la muerte, sino una vida mejor.

«En la casa de mi Padre muchas moradas hay ... voy, pues, a preparar lugar para vosotros». Nosotros, los habitantes del oeste es posible que no veamos las imágenes de las bodas, pero puedes apostar lo que quieras que los que escuchaban a Jesús no las perdieron. Esa era una promesa que el novio le hacía a la novia. Después de recibir permiso de las dos familias, el novio volvía a la casa de su padre y construía una casa para su novia. Preparaba «un lugar».

Al prometer hacer lo mismo para nosotros, Jesús eleva los funerales al mismo nivel de esperanza de las bodas. Desde esa perspectiva, el viaje al cementerio y caminar por la nave central de la iglesia en una boda garantizan la misma clase de entusiasmo.

Este punto nos toca muy de cerca puesto que en nuestro hogar estamos en plenos preparativos para una boda. Estoy usando «estamos» en forma bastante amplia. Denalyn y nuestra hija Jenna están planeando la boda. Estoy sonriendo, asintiendo con la cabeza y firmando cheques. Nuestra casa es un bullicio constante de trajes de novia, pasteles de boda, invitaciones y recepciones. Se ha fijado la fecha, se ha reservado la iglesia y el nivel de emoción es alto. ¡Las bodas son buenas noticias!

Lo mismo dice Jesús de los entierros. Ambos celebran una nueva era, nombre y casa. En ambos el novio se lleva a la novia del brazo. Jesús es tu novio que viene. «Vendré por ti». Él se va a encontrar contigo en el altar. Tu mirada final de la vida será seguida por tu primera vislumbre de Él.

Pero ¿cómo podemos estar seguros de que va a cumplir esa promesa? ¿Tenemos garantía de que sus palabras son más que poesía vacía o vana superstición? ¿Nos atreveremos a poner nuestro corazón en las manos de un Carpintero judío de una pequeña aldea? La respuesta se encuentra en el cementerio de Jerusalén. Si la tumba de Jesús está vacía, entonces su promesa no lo está. Deja que el apóstol Pablo reduzca la lógica a una sola frase: «Pero cada uno [resucitará] en su debido orden: Cristo, las primicias; luego los que son de Cristo, en su venida» (1 Corintios 15.23).

Pablo les estaba escribiendo a los creyentes de Corinto, personas que habían sido educadas bajo la filosofía griega que pregonaba una vida venidera como en sombras. Alguien los estaba convenciendo de que los cadáveres no pueden resucitar, ni los de ellos ni el de Cristo. El apóstol Pablo no podía resistir tal forma de pensar. «Quiero recordarles el evangelio que les prediqué, el mismo que recibieron» (1 Corintios 15.1, NVI). Con la misma insistencia de un abogado en los argumentos finales, repasó los hechos: «[Jesús] resucitó al tercer día ... apareció a Cefas [Pedro], y después a los doce. Después a más de quinientos hermanos a la vez ... a Jacobo ... después a todos los apóstoles; y al último de todos ... me apareció a mí» (1 Corintios 15.4-8).

Hagan una fila con los testigos, ofreció. Llámenlos uno por uno. Que cada persona que vio al Cristo resucitado lo diga. Mejor es que lleve un almuerzo y que no tenga nada en su agenda, porque hay más de quinientos testigos que están dispuestos a hablar.

¿Ves la lógica de Pablo? Si una persona afirma un encuentro con Cristo después de la cruz, no lo tomes en cuenta. Si doce personas ofrecen declaraciones, considéralo histeria de grupo. Pero, ¿cincuenta personas? ¿Cien? ¿Trescientas? Cuando el testimonio se extiende a cientos, la incredulidad se convierte en creencia.

Pablo conocía, no a unos pocos, sino a cientos de testigos oculares. Pedro, Jacobo, Juan. Los seguidores, la reunión de quinientos de sus discípulos, y el mismo Pablo. Ellos vieron a Jesús. Lo vieron físicamente.

En realidad lo vieron. No vieron un fantasma ni experimentaron un sentimiento. Los elogios que se dan al costado de una tumba a menudo incluyen frases como: «Ella vivirá para siempre en mi corazón». Los seguidores de Jesús no estaban diciendo eso. Ellos vieron a Jesús «en la carne».

Cuando se les apareció a los discípulos, Jesús les aseguró: «Yo mismo soy» (Lucas 24.39). Los discípulos que iban camino a Emaús no vieron nada extraordinario en cuanto a su cuerpo. Sus pies tocaban el suelo. Sus manos tocaban el pan. Ellos creyeron que era un colega peregrino hasta que «les fueron abiertos los ojos» (Lucas 24.31). María vio a Jesús en el huerto y lo llamó «Señor» (Juan 20.15). Los discípulos lo vieron asando pescado en la playa. El Cristo resucitado hizo cosas físicas en un cuerpo físico. «Yo mismo soy», les informó (Lucas 24.39). «Palpad, y ved; porque un espíritu no tiene carne ni huesos, como veis que yo tengo» (24.39).

Jesús experimentó una resurrección física y fáctica. Y —he aquí— porque lo hizo, nosotros también lo haremos. «Pero cada uno en su debido orden [resucitará]: Cristo, las primicias; luego los que son de Cristo en su venida» (1 Corintios 15.23).

Aristóteles se equivocó. No se le debe temer a la muerte. Sartre no estaba en lo cierto. Tu último momento no es el peor. La creencia griega estaba errada. Charon no te conducirá hasta la nada. Quinientos testigos dejaron un testimonio que todavía resuena; no hay peligro en la muerte.

Así que muramos con fe. Dejemos que la resurrección penetre hasta las fibras más íntimas de nuestro corazón y defina la manera en que miramos a la tumba. Dejemos que libre «a todos los que por el temor de la muerte estaban durante toda vida sujetos a servidumbre» (Hebreos 2.15).

Jesús otorga valor para el pasaje final. Lo hizo por Charles Lindbergh, la primera persona que voló sola a través del Océano Atlántico. Cuando este piloto descubrió que tenía cáncer terminal, él y su esposa fueron a pasar sus últimos días en su casa de Hawai. Consiguió un ministro para que llevara a cabo el servicio fúnebre y escribió las siguientes palabras para que fueran leídas en su entierro:

> Entregamos el cuerpo de Charles A. Lindbergh al lugar final de descanso, pero entregamos su espíritu al Todopoderoso Dios, sabiendo que la muerte no es sino una nueva aventura de la vida y recordando lo que Jesús dijo cuando estaba en la cruz: «Padre, en tus manos encomiendo mi espíritu».[7]

La muerte, «una nueva aventura de la vida». No hay necesidad de temerla o de ignorarla. Debido a Cristo, tú la puedes enfrentar.

Yo lo hice. De acuerdo a las operaciones del corazón, la que me hicieron a mí no era una de las más peligrosas. Pero cualquier procedimiento que requiera cuatro horas de sondeos dentro del corazón es suficiente como para justificar una oración más. Así que en la víspera de mi operación, Denalyn, algunos amigos y yo, ofrecimos nuestras oraciones. Nos estábamos quedando en el hotel contiguo a la clínica de Cleveland en Ohio. Le pedimos a Dios que bendijera a los doctores y que pusiera su mano en las enfermeras. Después de conversar por unos minutos, ellos me desearon que todo saliera bien, y se fueron. Yo necesitaba acostarme temprano. Pero antes de poder dormirme, hice una oración más... solo.

Bajé al vestíbulo en el ascensor, encontré un rincón quieto y comencé a pensar. *¿Y qué si algo sale mal en la operación? ¿Y qué si esta es mi noche final en la tierra? ¿Hay alguien con quien deba* *arreglar cuentas? ¿Necesito llamar por teléfono a alguien y arreglar las cosas?* No pude pensar en nadie. (Así que si estás pensando que debería haberte llamado a ti, lo siento. Tal vez deberíamos hablar.)

A continuación les escribí una carta a mi esposa y a mis hijas, cada una de las cuales comenzaba con esta frase: «Si estás leyendo esta carta, algo salió mal en la operación».

A continuación Dios y yo tuvimos la conversación más franca de todas. Comenzamos con un buen repaso de mi primer medio siglo. Los detalles te aburrirían, pero nos entretuvieron a nosotros. Le agradecí por su infinita misericordia y por una esposa que es descendiente de ángeles. Mi lista de bendiciones podría haber tomado toda la noche y casi lo hizo. Así que me detuve y pronuncié esta oración: *Estoy en buenas manos, Señor. Los doctores están preparados; el personal tiene experiencia. Pero aun con el mejor de los cuidados, pueden pasar cosas. Esta podría ser mi última noche en esta versión de la vida, y quiero que sepas, que si ese es el caso, estoy bien.*

Y me fui a dormir, y dormí como un bebé. Como resultó, ningún ángel vino. No vi a nadie usando un sombrero estilo Indiana Jones. Me recuperé de la operación, y aquí estoy, tan fuerte como siempre, aporreando el teclado de la computadora. Sin embargo, una cosa es diferente. ¿En este asunto de morir con valentía?

Creo que lo lograré.

Quiera Dios que tú también.

Capítulo II

Vida cafeinada

La paz os dejo, mi paz os doy;
yo no os la doy como el mundo la da.
No se turbe vuestro corazón, ni tenga miedo.

—Juan 14.27

Temor a lo que se viene

Si tan solo pudiéramos ordenar la vida como pedimos una taza de café gourmet. ¿No te encantaría poder mezclar a tu gusto los ingredientes de tu futuro?

«Dame una taza grande y bien caliente de aventuras, sin peligros, con dos cucharadas de buena salud».

«Un café descafeinado de larga vida, por favor, con una gotitas de fertilidad. Con mucha agilidad y sin nada de discapacidades».

«Quiero un moca de placer con indulgencias extra. Asegúrate de que no tenga malas consecuencias».

«Quiero el café con leche de la felicidad, con una porción de amor y, por encima, ponle una jubilación en el Caribe».

Llévame a *esa* cafetería. Qué lástima que no existe. La verdad es que a veces la vida nos da un mejunje completamente diferente al que le hemos pedido. ¿Te has sentido alguna vez como si el que hace los cafés arriba llamó tu nombre y te dio una taza de estrés?

«Juan Pérez, disfruta tu jubilación anticipada. Parece que viene con problemas matrimoniales e inflación».

«María Rodríguez, tú querías cuatro años de estudios universitarios, y luego tener hijos. Vas a tener los hijos primero. Felicitaciones por tu embarazo».

«Una taza caliente de transferencia de trabajo seis meses antes de la graduación de tu hija, Susana. ¿Te gustaría un poco de paciencia con eso?»

La vida viene cafeinada con sorpresas. Modificaciones. Transiciones. Alteraciones. Te bajan de categoría en el trabajo, te mudas de tu hogar, le dan tu trabajo a otra persona, avanzas en el trabajo. Todos esos cambios. Algunos son bien recibidos, otros no. Y en esas raras ocasiones cuando crees que el mundo se ha calmado, ¡ten cuidado! Un hombre de setenta y siete años hace poco le dijo a un amigo mío: «He tenido una vida buena. Estoy disfrutando la vida ahora, y pienso en el futuro con anticipación». Dos semanas después, un tornado azotó la región, y perdieron la vida su hijo, su nuera, su nieto y la madre de su nuera. Simplemente no sabemos, ¿no es así? En nuestra lista de temores, el temor a lo que sigue demanda un lugar prominente. Tal vez pidamos una vida descafeinada, pero no la recibimos. Tampoco los discípulos.

Jesús les dijo a sus discípulos que se iba (Juan 14.28).

Imagínate el impacto cuando escucharon esas palabras. Las habló en la noche de la celebración de la Pascua. El jueves por la noche, en el aposento alto. Cristo y sus amigos acababan de disfrutar de una tranquila cena en medio de una semana caótica. Tenían razones para sentirse optimistas: la popularidad de

Jesús estaba en aumento. Las oportunidades eran cada vez más. En tres cortos años, las multitudes habían levantado a Cristo a un lugar de prominencia... Él era la esperanza del hombre común.

Los discípulos estaban hablando con palabras del reino, listos para enviar fuego sobre sus enemigos, luchando para conseguir posiciones aventajadas en el consejo ministerial de Cristo. Se imaginaban la restauración de Israel a sus días de gloria. Sin ocupación romana ni opresión extranjera. Ese era el desfile de libertad, y Jesús era el que lo encabezaba.

¿Y ahora esto? Jesús les decía que se iba. El anuncio los sorprendió. Cuando les explicó: «Y sabéis a dónde voy, y sabéis el camino», Tomás, con bastante exasperación, respondió: «No sabemos a dónde vas; ¿cómo, pues, podemos saber el camino?» (Juan 14.4-5).

Cristo les dio a sus discípulos una taza de una enorme transición, y ellos trataron de devolvérsela. ¿No habríamos hecho lo mismo nosotros? Y sin embargo, ¿quién tiene éxito? ¿Qué persona vive sin sorpresas? Si no quieres cambio, ve a una máquina que vende refrescos; ese es el único lugar en que no hay cambio. ¿Recuerdas el resumen que hizo Salomón?

> Todo tiene su tiempo,
> Y todo lo que se quiere debajo del cielo tiene su hora,
> Tiempo de nacer, y tiempo de morir;
> Tiempo de plantar, y tiempo de arrancar lo plantado;
> Tiempo de matar, y tiempo de curar;
> Tiempo de destruir, y tiempo de edificar;
> Tiempo de llorar, y tiempo de reír;

Tiempo de endechar y tiempo de bailar;
Tiempo de esparcir piedras, y tiempo de juntas piedras;
Tiempo de abrazar, y tiempo de abstenerse de abrazar
Tiempo de buscar, y tiempo de perder;
Tiempo de guardar, y tiempo de desechar;
Tiempo de romper, y tiempo de coser;
Tiempo de callar, y tiempo de hablar;
Tiempo de amar, y tiempo de aborrecer;
Tiempo de guerra y tiempo de paz. (Eclesiastés 3.1-8)

Cuento veintiocho tiempos diferentes. Nacimiento, muerte, lamentaciones, risa, amor, aborrecimiento, abrazar, dejar de abrazar. Dios nos da la vida de la forma en que controla su cosmos: a través de tiempos o estaciones. Cuando se trata de la tierra, entendemos la estrategia de gobierno divina. La naturaleza necesita el invierno para descansar y la primavera para despertar. No nos lanzamos a refugios debajo de la tierra cuando vemos los primeros brotes en los árboles. Los colores del otoño no hacen que se toquen sirenas de advertencia. Los tiempos de la naturaleza no nos perturban. Pero sí los tiempos personales inesperados. La forma en que nos dejamos sobrecoger por el pánico cuando vemos que viene un cambio, cualquiera creería que están bombardeando el estado de Iowa.

«¡A correr se ha dicho! ¡Llega la graduación!»

«La junta de directores acaba de contratar a un nuevo gerente de operaciones. ¡Sálvese quien pueda!»

«Que las mujeres y los niños suban primero al autobús, y luego vamos al norte. ¡La tienda que vende de todo está cerrando!»

Los cambios hacen que nuestra vida tenga altibajos, y cuando eso sucede, Dios envía a alguien especial para que nos estabilice. En la víspera de su muerte, Jesús les dio esta promesa a sus discípulos: «Mas el Consolador, el Espíritu Santo a quien el Padre enviará en mi nombre, él os enseñará todas las cosas, y os recordará todo lo que yo os he dicho. La paz os dejo, mi paz os doy; yo no os la doy como el mundo la da. No se turbe vuestro corazón, ni tenga miedo» (Juan 14.26-27).

Al igual que un maestro que se va puede presentar a la clase al que lo va a reemplazar, así Jesús nos presenta al Espíritu Santo. Y qué referencia tan buena nos da. Jesús llama al Espíritu Santo el que el Padre enviará «en mi nombre». El Espíritu viene en el nombre de Jesús, con igual autoridad y poder. Eso es lo que les había dicho antes cuando dijo: «Y yo rogaré al Padre, y os dará *otro Consolador,* para que esté con vosotros para siempre» (Juan 14.16, NVI).

«Otro Consolador». Las dos palabras reverberan. El idioma griego usa dos palabras diferentes para *otro*. Una de ellas quiere decir «totalmente diferente», y la otra se traduce como «otro igual al primero». Cuando Jesús promete «otro Consolador», usa la segunda palabra, «otro igual al primero».

La distinción nos instruye. Digamos que estás leyendo un libro mientras viajas en un autobús. Alguien se sienta al lado tuyo, te interrumpe la lectura, y te pregunta sobre el libro. Tú le dices: «El autor es Max Lucado. Tómalo. Yo puedo conseguir *otro*».

Cuando dices «puedo conseguir otro», ¿quieres decir «otro» en el sentido de «cualquier otro» libro? ¿Una novela de detectives, un libro de cocina, o una novela romántica en rústica? Por supuesto que no. Puesto que eres una persona de gusto muy refinado, quieres decir un libro que es idéntico al que tan amablemente has regalado. Si hubieras estado hablando griego, habrías usado la palabra que empleó Jesús cuando se registró su promesa: *allos*, «uno igual al primero».

¿Y quién es el primero? Jesús mismo. Entonces, la seguridad que Jesús les da a sus discípulos es esta: «Yo me voy, ustedes están entrando en una nueva época de sus vidas, un capítulo diferente. Mucho va a ser distinto, pero una cosa permanece constante: mi presencia. Van a disfrutar de la presencia de "otro Consolador"».

Consolador significa «amigo, ayudador, intercesor, abogado, fortalecedor, alguien siempre listo para ayudar». Todas estas palabras intentan representar el hermoso significado de *parakletos*, que es un término griego compuesto de dos palabras. *Para* que significa «al lado de» (piensa en «*para*lelo» o «*para*doja»). *Kletos* significa «ser llamado, designado, asignado o nombrado». El Espíritu Santo ha sido designado para venir a nuestro lado. Él es la presencia de Jesús con y en los seguidores de Cristo.

¿Te das cuenta por qué los discípulos necesitaban este aliento? Es la noche del jueves antes de la crucifixión. Para el amanecer del viernes, ellos abandonarán a Jesús. La hora del desayuno los encontrará escondiéndose en cualquier rincón y lugar apropiado. A las nueve de la mañana, los soldados romanos clavarán a Jesús en una cruz. A esa misma hora mañana, Él ya habrá muerto y habrá sido enterrado. El mundo de ellos está a punto de ser completamente trastornado. Y Jesús quiere que ellos sepan que nunca enfrentarán el futuro sin su ayuda.

Tampoco lo enfrentarás tú. Tienes un compañero de viaje.

Tienes un Pat McGrath. Pat es mi compañero de ciclismo. Hace algunos años empecé a andar en bicicleta, como un hobby y ejercicio a la vez. Me compré un casco, guantes y una bicicleta de ruedas finas. Aseguré las zapatillas a los pedales, y casi me maté la primera vez. Para los viejos y con sobre peso, las colinas parecen el Monte Everest la primera vez que se anda en bicicleta. Literalmente tuve que volver a mi casa caminando con ella.

Pat se enteró de mi interés y se ofreció para que anduviéramos en bicicleta juntos. A Pat le gusta más andar en bicicleta que respirar. Para él, eso *es* respirar. Si no tuviera trabajo y cinco hijos, es posible que la vuelta de Francia hubiera conocido a otro estadounidense. Tiene pistones en vez de piernas, y un motor de locomotora en lugar de corazón. Cuando me quejé por los caminos empinados y los vientos fuertes, él me hizo esta oferta: «No hay problema. Tú puedes ir en mis talones».

Andar en los talones de un ciclista es aprovechar que él vaya primero y corte el viento. Cuando Pat y yo pedaleamos contra viento fuerte, yo me pongo detrás de él lo más cerca que me atrevo. Mi rueda del frente está a un tercio de metro de la rueda de atrás de la bicicleta de él. Él va a la vanguardia enfrentando la brisa, y dejando un cono de calma en el cual yo pedaleo. ¿Y cuando andamos por colinas empinadas? Me da un poco de vergüenza admitirlo, pero en ocasiones Pat coloca una mano sobre mi espalda y me empuja en la subida.

¿No te gustaría temer un amigo como él? Lo tienes. Cuando colocas tu fe en Cristo, Él coloca su Espíritu en frente y detrás de ti, y dentro de ti. No un espíritu que no conozcas, sino el *mismo* Espíritu: el *parakletos*. Todo lo que Jesús hizo por sus seguidores, lo hace el Espíritu por ti. Jesús enseñó; el Espíritu enseña. Jesús sanó; el Espíritu sana. Jesús consoló; el Espíritu consuela. Y de la forma en que Jesús te envía a nuevas etapas en la vida, envía a su Consolador para que vaya contigo.

Dios te trata de la misma manera en que una madre trató a Timmy, su pequeño hijo. A ella no le gustaba la idea de que Timmy, que estaba en primer grado, caminara solo a la escuela. Pero él era demasiado grande como para que lo vieran con su madre. «Además», le explicó él, «puedo caminar con un amigo». Así que ella hizo lo mejor que pudo para estar calmada, citándole el Salmo 23 todas las mañanas: «Ciertamente el bien y la misericordia me seguirán todos los días de mi vida...»

Un día se le ocurrió una idea. Le pidió a una vecina que siguiera a Timmy a la escuela de mañana, pero que mantuviera la distancia, para que él no la viera. Con mucho gusto, la vecina accedió a hacerlo. De todas formas, ella llevaba a caminar a su hija pequeña de mañana.

Después de varios días, el amiguito de Timmy notó a la señora y a su hija.

«¿Sabes quién es esa mujer que nos sigue a la escuela?»

«Claro», le dijo Timmy. «Se llama Misericordia».

«¿Cómo?»

«Mi mamá me lee todos los días el Salmo 23, y dice que "Misericordia" me va a seguir todos los días de mi vida. Así que creo que nos vamos a tener que acostumbrar a que nos siga».

Tú eres igual. Dios nunca te manda solo. ¿Estás a la víspera de un cambio? ¿Te encuentras mirando a un nuevo capítulo?

¿Las hojas de tu mundo muestran las señales de una nueva estación? El mensaje del cielo para ti es claro: aunque todo lo demás cambie, la presencia de Dios nunca cambia. Tú viajas en la compañía del Espíritu Santo que te enseñará todas las cosas y te recordará todo lo que Jesús te ha dicho (Juan 14.26).

Así que haz amistad con lo siguiente que viene.

Recíbelo. Acéptalo. No lo resistas. El cambio no solo es parte de la vida; es una parte necesaria de la estrategia de Dios. Para usarnos para cambiar al mundo, para alterar nuestra comisión. Gedeón: de granjero a general; María: de joven campesina a madre de Cristo; Pablo: de rabino local a evangelista mundial. Dios llevó a José de hermanito menor a príncipe en Egipto. A David lo cambió de pastor a rey. Pedro quería pescar en el mar de Galilea. Dios lo llamó para dirigir a la primera iglesia. Dios hace transferencias.

Pero, alguien puede preguntar, ¿y qué diremos de los cambios trágicos que Dios permite? Algunas razones no son sensatas. ¿Quién puede encontrar un lugar en el rompecabezas de la vida para la deformidad de un hijo, o la enormidad de la devastación de un terremoto? Cuando los niños son abusados sexualmente o los enfermos pierden la dignidad... ¿sirven a un propósito esos momentos?

Sí, cuando los miramos desde una perspectiva eterna. Lo que no es sensato en esta vida, será perfectamente sensato en la venidera. Tengo una prueba: tú, cuando estabas en el vientre de tu madre.

Sé que no recuerdas esa época prenatal, así que permíteme recordarte lo que sucedió durante ella. Cada día de gestación te preparó para tu vida en la tierra. Los huesos se solidificaron, se te desarrollaron los ojos, el cordón umbilical transportó las sustancias nutritivas hacia tu cuerpo que crecía... ¿cuál fue la razón? ¿Para que te pudieras quedar en el vientre de tu madre? Todo lo contrario. El tiempo en ese vientre te preparó para tu tiempo en la tierra, haciéndote apropiado para tu existencia después del parto.

Algunas cosas que tenías, no las usaste antes de nacer. Tenías nariz, pero no respirabas. Se te desarrollaron los ojos, pero ¿podías ver? La lengua, las uñas de los pies y el cabello no te sirvieron función alguna mientras estabas en el vientre de tu madre. Pero ¿no te alegra tenerlos ahora?

Algunos capítulos en la vida parecen innecesarios, al igual que las fosas nasales en el niño aún no nacido. El sufrimiento. La soledad. La enfermedad. Los holocaustos. Los martirios. Los huracanes. Si asumimos que este mundo existe solo para que seamos felices antes de la tumba, estas atrocidades se descalifican para hacernos felices. Pero ¿qué si esta tierra es el vientre de la madre? ¿Pudiera ser que estos desafíos, tan severos como pueden ser, sirvieran para prepararnos, adiestrarnos para el mundo venidero? Como escribiera Pablo: «Esta leve tribulación momentánea produce en nosotros un cada vez más excelente y eterno peso de gloria» (2 Corintios 4.17).

Gloria eterna. Por favor, quiero una taza grande. «Tamaño supergrande de gozo sin fin en la presencia de Dios. Por favor, mucha maravilla, y no le pongas angustias». Vé y pídelo. El que atiende la cafetería todavía está haciendo café. Por lo que sabes, podría ser la próxima taza que bebas.

Capítulo 12

Una sombra de duda

¿Por qué se asustan tanto?, les preguntó.
¿Por qué les vienen dudas?

—Lucas 24.38, NVI

Temer que Dios no sea real

Woody Allen no puede dormir de noche. Es un alma intranquila. El temor mantiene a ese director de cine, que tiene más de setenta años, despierto de noche. Al mirarlo, dirías lo contrario, con su apariencia tímida y sonrisa amable. Podría pasar por el tío ideal de cualquiera, amable y afable. La única parte que parece estar alborotada es su cabello. Pero sin embargo, debajo de la superficie, anacondas de temor dan mordiscos.

El vacío lo sobrecoge. Ateo acérrimo, Allen mira la vida como un «titileo insignificante». Sin Dios, sin propósito, sin existencia después de esta vida y, por consiguiente, sin vida en esta vida. «No puedo pensar en ningún argumento bueno para escoger la vida sobre la muerte», admite él, «excepto que tengo demasiado miedo... Todos los trenes van al mismo lugar. Todos van al mismo basurero».

Así que hace películas para distraerse. Por décadas las ha producido al implacable paso de una por año. «Necesito estar enfocado en algo para no ver el cuadro total».[1]

Supongo que exista alguien que no puede explicarse los temores de Woody Allen. Debe de haber en el gran mundo de Dios un alma que nunca ha dudado de su existencia o se ha formulado preguntas sobre su bondad. Pero esa alma no está escribiendo este libro.

Mis momentos estilo Woody Allen tienden a surgir, de todos los tiempos, los domingos en la mañana. Me despierto temprano, mucho antes de que mi familia comience a hacer conmoción, brille el sol o el periódico haga ruido cuando cae en la cochera. Que el resto del mundo siga durmiendo. Yo no. El domingo es mi gran día, el día que me pongo de pie delante de una congregación grande de personas que están dispuestas a cambiar treinta minutos de su tiempo por algo de convicción y esperanza.

La mayoría de las semanas tengo suficiente tema para ese tiempo. Pero en ocasiones no. (¿Te molesta saber esto?) A veces, en las horas del amanecer, antes de pararme frente al púlpito, la aparente absurdidad de lo que creo se me hace patente. Recuerdo un día de pascua en particular. Mientras repasaba el sermón a la luz de la lámpara, el mensaje de la resurrección se sintió como un mito, más cercanamente parecido a una leyenda urbana que a la verdad del evangelio. Los ángeles se apoyaban en las piedras del cementerio; se necesitaba ropa para enterrar, luego no; los soldados muertos de miedo; un Jesús que había muerto pero que ahora caminaba. Como si esperara que el de la guadaña o los siete enanitos salieran de algún agujero cuando yo diera vuelta una página. Algo bastante improbable, ¿no lo crees?

Yo sí, a veces. Y cuando lo hago, me puedo identificar con el desasosiego de Woody Allen: el temor de que no haya Dios. El temor de que «¿por qué?» no tenga respuesta. El temor de una vida sin rumbo. El temor de que nuestra posición es tan buena como puede ser, y que cualquiera que cree de otra forma probablemente invertiría en una propiedad en la playa en Juneau, Alaska. Las heladas, quietas y espantosas sombras de la soledad en el valle, de las cuales emergen y que llevan a una curva que la niebla no deja ver.

El valle de las sombras de la duda.

Tal vez conozcas su terreno gris. En él:

- la Biblia se lee como las fábulas de Esopo;
- las oraciones rebotan como el eco en las cavernas;
- los límites morales están marcados en lápiz;
- en forma alternada, a los creyentes se les siente lástima o son envidiados; alguien está siendo engañado. ¿Pero quién?

En un grado u otro, todos nos aventuramos en el valle. A una altura u otra, todos necesitamos un plan para escapar. ¿Te puedo contar el mío? Esas sesiones de dudas matutinas los domingos se disipan rápidamente en estos días gracias a una pequeña obra maestra, un manantial de fe que borbotea en las páginas finales del Evangelio de Lucas. El médico que se convirtió en historiador dedicó su último capítulo a contestar una pregunta: ¿Cómo responde Cristo cuando dudamos de Él?

Nos lleva al aposento alto en Jerusalén. Es el domingo por la mañana, después de la crucifixión del viernes. Los seguidores de Jesús se habían reunido, no a cambiar el mundo, sino a escapar; no como relatores de anécdotas del evangelio, sino como conejos asustados. Enterraron sus esperanzas con el cuerpo del Carpintero. Habrías encontrado más valor en un gallinero y más agallas en una medusa. ¿Fe intrépida? No aquí. Fíjate en los rostros barbudos de esos hombres para ver un destello de resolución, una pizca de valor, y no vas a encontrar nada.

Sin embargo, una mirada a los rostros animados de las mujeres, y tu corazón va a saltar de gozo con el de ellas. De acuerdo a Lucas entraron al lugar precipitadamente, como la luz del sol, anunciando que habían visto a Jesús.

> [Las mujeres] volviendo del sepulcro dieron nuevas de todas estas cosas a los once, y a todos los demás. Eran María Magdalena, y Juana, y María madre de Jacobo, y las demás con ellas, quienes dijeron estas cosas a los apóstoles. Mas a ellos les parecían locura las palabras de ellas, y no las creían. (Lucas 24.9-11)

Los que periódicamente dudan de Cristo, tomen nota y aliéntense. Los primeros seguidores de Cristo también tenían dudas. Pero Él se rehusó a dejarlos solos con sus preguntas. Él, como resultara, no estaba ni muerto ni enterrado. Cuando vio a dos de sus discípulos caminando con dificultad hacia una villa llamada Emaús:

> Jesús mismo se acercó y caminaba con ellos. Mas los ojos de ellos estaban velados, para que no le conociesen. Y les dijo: ¿Qué pláticas son estas que tenéis entre vosotros mientras camináis, y por qué estáis tristes? (vv. 15–17)

Para esta tarea no servirían los ángeles, un emisario no sería suficiente, y no se enviaría un ejército con los mejores soldados del cielo. Jesús mismo fue el que vino al rescate.

¿Y cómo reforzó la fe de los discípulos? Mil cosas esperaban su orden. Él había marcado la crucifixión del viernes con un terremoto y un eclipse solar. El Evangelio de Mateo revela que «se abrieron los sepulcros, y muchos cuerpos de santos que habían dormido, se levantaron; y saliendo de los sepulcros, después de la resurrección de él, vinieron a la santa ciudad, y aparecieron a muchos» (27.52-53). Cristo podría haber llamado a algunos de ellos para que hablaran con los discípulos que iban camino a Emaús. O les podría haber dado un recorrido turístico por la tumba vacía. En realidad, podría haber hecho que las piedras hablaran o que una higuera bailara dando unas volteretas. Pero Cristo no hizo nada de eso. ¿Qué hizo? «Y comenzando desde Moisés, y siguiendo por todos los profetas, les declaraba en todas las Escrituras lo que de él decían» (Lucas 24.27).

Bien, ¿qué te parece? Cristo dictó una clase bíblica. Llevó al dúo camino a Emaús a través de un curso de estudio del Antiguo Testamento, desde los escritos de Moisés (Génesis hasta Deuteronomio incluido) al mensaje de Isaías, Amós y otros. Hizo del camino a Emaús un estudio bíblico cronológico, pausando para describir... ¿tal vez el rugiente mar Rojo y las paredes de Jericó derrumbándose? ¿El rey David tropezando? De importancia especial para Jesús era lo que «las Escrituras de él decían». Su rostro pintaba más historias del Antiguo Testamento de las que tal vez te imagines. Jesús es Noé, salvando a la humanidad de un desastre; Abraham, el padre de una nueva nación; Isaac, a quien su padre colocó en el altar; José, vendido por una bolsa de plata; Moisés, libertando a los esclavos; Josué, señalando la tierra prometida.

Jesús «comenzando desde Moisés, y siguiendo por todos los profetas» los llevó a través de las Escrituras. ¿Te puedes imaginar a Cristo citando escrituras del Antiguo Testamento? ¿Isaías 53 sonaría de esta manera: «*Fui* herido por sus rebeliones, molido por *sus* pecados. *Fui* castigado para que *ustedes* pudieran tener paz» (v. 5)? ¿O Isaías 28: «Yo he puesto en Jerusalén un fundamento por piedra. Es una piedra firme, probada y preciosa, angular, sobre la cual se puede construir» (v. 16)? ¿Hizo una pausa y les hizo un guiño a los alumnos de Emaús, diciéndoles: «Yo soy la piedra que describió Isaías»? No sabemos sus palabras, pero sabemos el impacto que tuvieron. Los dos discípulos dijeron cómo se sentían: «¿No ardía nuestro corazón en nosotros, mientras nos hablaba en el camino?» (Lucas 24.32).

A esta altura, los tres habían pasado hacia el noroeste y habían salido de las rocosas colinas a un perfumado valle con una arboleda de olivos y deliciosos árboles frutales. El dolor y la sangre derramada en Jerusalén se encontraban a su espalda, olvidados en la conversación. La caminata de once kilómetros se sintió como un paseo de media hora. El tiempo pasaba con demasiada rapidez; los discípulos querían escuchar más. «Llegaron a la aldea adonde iban, y él hizo como que iba más lejos. Mas ellos le obligaron a quedarse, diciendo: Quédate con nosotros. Y aconteció que estando sentado con ellos a la mesa, tomó el pan y lo bendijo, lo partió, y les dio. Entonces les fueron abiertos los ojos, y le reconocieron; mas él se desapareció de su vista» (vv. 28-31).

Jesús les enseñó la Palabra y partió el pan, y luego, como la neblina en una mañana de julio, desapareció. Los hombres de Emaús no estaban lejos. Los dos dejaron el pan partido, tomaron sus sueños rotos, se apresuraron a ir a Jerusalén, y entraron de golpe adonde estaban los apóstoles. Les contaron acerca de su descubrimiento, solo para ser interrumpidos y eclipsados por el propio Jesús.

> Mientras ellos aún hablaban de estas cosas, Jesús se puso en medio de ellos y les dijo: Paz a vosotros. Entonces, espantados y atemorizados, pensaban que veían espíritu. Pero él les dijo: ¿Por qué estáis turbados, y vienen a vuestro corazón estos pensamientos?

(No te apresures a pasar al lado de los encuentros casuales con Cristo entre el miedo y la duda. Las dudas que no tienen respuesta producen discípulos inseguros. No nos debe sorprender que Cristo haga de nuestras dudas su preocupación más alta.)

> Mirad mis manos y mis pies, que yo mismo soy; palpad, y ved; porque un espíritu no tiene carne ni huesos, como veis

> que yo tengo. Y diciendo esto, les mostró las manos y los pies.
>
> Y como todavía ellos, de gozo, no lo creían, y estaban maravillados, les dijo: ¿Tenéis aquí algo de comer? Entonces le dieron parte de un pez asado, y un panal de miel. Y él lo tomó y comió delante de ellos.
>
> Y les dijo: Estas son las palabras que os hablé, estando aún con vosotros: que era necesario que se cumpliese todo lo que está escrito de mí en la ley de Moisés, en los profetas y en los salmos. Entonces les abrió el entendimiento para que comprendiesen las Escrituras. (vv. 36-45)

Los discípulos no sabían si arrodillarse y adorar, o darse vuelta y salir corriendo. Algunos decidieron que el momento era demasiado bueno para ser verdad, y llamaron a Jesús fantasma. Cristo se podría haber ofendido. Después de todo, para salvarlos, había pasado por el infierno, y ellos no podían diferenciar entre un don nadie y Él. Pero Jesús, que es muy paciente con los que dudan, extendió primero una mano y luego la otra. Entonces les hizo una invitación: «Palpad». Les pidió comida, y entre bocados de pez asado, inició la segunda lección bíblica del día: Después les dijo: «Recuerden lo que les dije cuando estuve con ustedes: Tenía que cumplirse todo lo que dicen acerca de mí los libros de la Ley de Moisés, los libros de los profetas y los Salmos. Entonces les explicó la Biblia con palabras fáciles, para que pudieran entenderla» (Lucas 24.44-45, TLA).

Nos damos cuenta de que hay un patrón, ¿no es verdad?

- Jesús ve a dos hombres caminando pesadamente hacia Emaús, parecía que recién habían enterrado a su mejor amigo. Cristo o los alcanza o se transporta hasta ellos... no lo sabemos. Él habla del tema del huerto del Edén y del libro del Génesis. Lo que sigue es que comen juntos, los hombres sienten calor en el corazón, y sus ojos son abiertos.
- Jesús les hace una visita a los cobardes leones del aposento alto. Nota que no llega como Superman, volando por el cielo. Sino una visita cara a cara, en la cual les dice que toquen sus heridas. Se sirve la comida, se enseña la Biblia, los discípulos hallan valor y nosotros encontramos dos respuestas prácticas a la pregunta crítica: ¿Qué es lo que Cristo quiere que hagamos con nuestras dudas?

¿Su respuesta? Toca mi cuerpo y medita en mi historia.

¿Y sabes? Todavía lo podemos hacer. Todavía podemos tocar el cuerpo físico de Cristo. Nos encantaría tocarlo y sentir la carne del Nazareno. Cuando nos relacionamos con la iglesia, hacemos eso. «La cual [la iglesia] es su cuerpo, la plenitud de Aquel que todo lo llena en todo» (Efesios 1.23).

Las preguntas pueden convertirnos en ermitaños, llevándonos a escondernos. Pero la cueva no tiene respuestas. Cristo imparte valor a través de la comunidad; disipa las dudas a través de la confraternidad. Él nunca deposita todo el conocimiento en una persona, sino que distribuye las piezas del rompecabezas entre muchos. Cuando entretejes su conocimiento con el mío, y compartimos nuestros descubrimientos con ellos...

Cuando confraternizamos, nos unimos, confesamos y oramos, Cristo nos habla.

La unidad de los discípulos nos enseña. Ellos permanecieron juntos. Aun cuando sus esperanzas habían sido devastadas, todavía estaban agrupados en una comunidad en la que compartían sus creencias. Se mantuvieron «hablando entre sí de todas aquellas cosas que habían acontecido» (Lucas 24.14). ¿No es esta una figura de la iglesia: compartiendo notas, intercambiando ideas, reflexionando sobre las posibilidades, levantando los espíritus? Y mientras lo hacían, Jesús apareció para enseñarles, probando que «donde están dos o tres congregados en mi nombre, allí estoy yo en medio de ellos» (Mateo 18.20).

Y cuando Jesús habla, comparte su historia. La terapia de Dios para los que dudan es su propia Palabra. «Así que la fe es por el oír, y el oír por la palabra de Dios» (Romanos 10.17). Por lo tanto, escucha.

Jack escuchó.

Comenzamos con la historia de un ateo. ¿Podemos concluir con el relato de otro? Jack resumió la primera parte de su vida con un incidente que sucedió cuando era adolescente. Él llegó a la Universidad de Oxford, en la ciudad de Oxford, Inglaterra, anticipando su primera mirada a «la cantidad de agujas de los edificios y torres novelescas». Sin embargo, mientras caminaba, no vio ninguna señal de los grandes campus universitarios. Solo cuando se volvió se dio cuenta de que se estaba alejando de los edificios, caminando en la dirección opuesta. Más de treinta años después escribió: «No me di cuenta de que esta pequeña aventura fue una alegoría para mi vida».

Él era un incrédulo militante, devoto de su creencia de que Dios no existía, porque ningún Dios toleraría el desastre que llamamos la existencia humana. Él resumía su cosmovisión con un verso de Lucrecio:

> *Si Dios hubiera diseñado el mundo, este no sería*
> *un mundo tan frágil y defectuoso como el que vemos.*

Rehusándose a aceptar la existencia de Dios, dedicó su atención a los estudios, destacándose en cada campo que estudió. En muy poco tiempo, los tutores de Oxford lo consideraron un colega distinguido, por lo que comenzó a enseñar y a escribir. Y sin embargo, muy cerca de la superficie, sus dudas estaban afectándolo adversamente. Él describió su estado mental con palabras tales como *vil terrorismo, sufrimiento* y *desesperanza*. Se sentía enojado y pesimista, atrapado en un torbellino de contradicciones. «Yo afirmaba que Dios no existía. También estaba enojado con Dios por no existir». Jack hubiera estado de acuerdo con la afirmación de Woody Allen sobre la vida: todos los trenes van al mismo lugar... al mismo basurero. Es probable que hubiera pasado la vida traqueteando hacia las tinieblas, excepto por dos factores.

Algunos de sus amigos íntimos, también tutores en Oxford, rechazaron sus puntos de vista materialistas y se convirtieron en seguidores de Dios, por lo que buscaban a Jesús. Al principio pensó que la conversión de ellos era una tontería, y no sintió temor en cuanto a ser «persuadido». Entonces conoció a otros miembros de la facultad que admiraba, profesores muy respetados como J. R. R. Tolkien y H. V. V. Dyson. Ambos hombres eran creyentes consagrados e instaron a Jack a hacer algo que, sorprendentemente, nunca había hecho, leer la Biblia, lo cual hizo.

A medida que leía el Nuevo Testamento, se sorprendió por su figura principal: Jesucristo. Jack había catalogado a Jesús como un filósofo hebreo, un gran maestro de principios morales. Pero a medida que leía, comenzó a luchar con las aseveraciones que hizo esa persona: decía que era Dios mismo y ofrecía perdón de los pecados a la gente. Jack concluyó que Jesús o se engañaba a sí mismo, era falso o era lo que afirmaba: el Hijo de Dios.

Al atardecer del 19 de septiembre de 1931, Jack y sus dos colegas, Tolkien y Dyson, disfrutaron de una larga caminata a través de las hayas y los senderos del campus de Oxford, cierta clase de camino a Emaús. Y a medida que caminaban, hablaron nuevamente de las aseveraciones de Cristo y del significado de la vida. Su charla se extendió hasta tarde esa noche. Jack, C. S. «Jack» Lewis, más tarde recordaría que una ráfaga de viento hizo que cayeran las primeras hojas, una brisa repentina, la cual es posible que haya sucedido para simbolizarle al Espíritu Santo. Muy pronto después de aquella noche, Lewis aceptó a Jesús. Él «comenzó a saber lo que es en realidad la vida y lo que hubiera perdido si no se hubiera dado cuenta». El cambio revolucionó su mundo, y como consecuencia, el mundo de millones de lectores.[2]

¿Qué fue lo que hizo que C. S. Lewis, un ateo dotado, brillante, acérrimo, siguiera a Cristo? Muy simple. Él se puso en contacto con el cuerpo de Cristo, sus seguidores, y en sintonía con su historia, las Escrituras.

¿Puede ser así de simple? ¿Puede el abismo entre la duda y la fe ser librado con las Escrituras y la confraternidad? Averígualo tú mismo. La próxima vez que lleguen las dudas, sumérgete en las antiguas historias de Moisés, las oraciones de David, los testimonios de los Evangelios y las epístolas de Pablo. Únete a otros que buscan y haz caminatas diarias a Emaús. Y si un amable desconocido que presente enseñanzas sabias se te une en el camino... considera invitarlo a cenar.

Capítulo 13

¿Y qué si las cosas empeoran?

Y oiréis de guerras y rumores de guerras;
mirad que no os turbéis.

—Mateo 24.6

Temor a una calamidad global

Podría vivir sin las advertencias farmacéuticas. ¿Sabes? Entiendo su propósito. Los que fabrican medicinas deben advertir ante la posibilidad de cualquier tragedia, para que cuando tomemos la píldora y nos salga un tercer brazo, o nos pongamos verdes, no los podamos demandar. Lo entiendo. Sin embargo, hay algo, en cuanto aparece un rostro feliz con una voz de advertencia sobre la parálisis, que no funciona.

Esperemos que esta práctica de absoluta revelación no se extienda hasta la sala donde nacen los bebés. Tal vez lo haga. Después de todo, los bebés que están a punto de nacer deben saber en la que se están metiendo. Es posible que las advertencias a estos bebés lleguen a ser procedimiento estándar en las salas de maternidad. ¿Te puedes imaginar la escena? Un abogado de pie al lado de una mujer. Ella está jadeando al estilo Lamaze entre las contracciones. Él está leyendo las letras chiquitas de un contrato en la dirección al vientre de ella.

Bienvenido al mundo que existe después del cordón umbilical. Ten presente, sin embargo, que la vida humana, en la mayoría de los casos, va a resultar en la muerte. Algunos individuos han reportado experiencias con virus letales, agentes químicos o terroristas sangrientos. El nacimiento también puede resultar en encuentros mortales con tsunamis, pilotos ebrios, explosiones de ira en conductores de automóviles, hambre, desastre nuclear, o síndrome premenstrual. Los efectos secundarios de vivir incluyen supervirus, enfermedad al corazón y exámenes finales. La vida humana no es recomendable para nadie que no pueda compartir un planeta con déspotas malvados o sobrevivir a la comida que sirven en un avión.

La vida es una empresa peligrosa. Pasamos nuestros días a la sombra de inquietantes realidades. El poder de aniquilar a la humanidad parece haber sido colocado en las manos de personas que se sienten felices de hacerlo. Las discusiones de un ataque global inspiraron a un niño a rogar: «Por favor, mamá, ¿podemos ir a algún lugar donde no haya cielo?»[1] Si la temperatura global aumenta unos pocos grados... si información clasificada cae en manos siniestras... si la persona equivocada aprieta el botón equivocado... ¿Y qué si las cosas empeoran?

Cristo nos dice que empeorarán. Él predice que habrá dificultades espirituales, desastres ecológicos y persecución en todo el mundo. Y, en medio de todo eso, afirma que la valentía todavía es una opción.

> Respondiendo Jesús, les dijo: Mirad que nadie os engañe. Porque vendrán muchos en mi nombre, diciendo: Yo soy el Cristo; y a muchos engañarán. Y oiréis de guerras y rumores de guerras; mirad que no os turbéis, porque es necesario que todo esto acontezca; pero aún no es el fin. Porque se levantará nación contra nación, y reino contra reino; y habrá pestes, y hambres, y terremotos en diferentes lugares. Y todo esto será principio de dolores.
>
> Entonces os entregarán a tribulación, y os matarán, y seréis aborrecidos de todas las gentes por causa de mi nombre. Muchos tropezarán entonces, y se entregarán unos a otros, y unos a otros se aborrecerán. Y muchos falsos profetas se levantarán, y engañarán a muchos; y por haberse multiplicado la maldad, el amor de muchos se enfriará. Mas el que persevere hasta el fin, éste será salvo. Y será predicado este evangelio del reino en todo el mundo, para testimonio a todas las naciones; y entonces vendrá el fin. (Mateo 24.4-14)

Las cosas van a empeorar, se van a poner malísimas, antes de que mejoren. Y cuando las condiciones empeoren, «procuren no alarmarse» (v. 6, NVI). Jesús escogió un término fuerte para *alarmarse* que no usó en otras ocasiones. Quiere decir «gemir, gritar fuerte», como si aconsejara a sus discípulos: «No pierdan la cabeza cuando sucedan cosas malas».

Los discípulos estaban haciendo mucho aspaviento en cuanto a los edificios del templo de Jerusalén. Impresionados con las enormes piedras talladas —algunas de ellas de ocho metros de largo— sus seguidores aplaudieron la impresionante estructura con su mármol veteado que parecía las olas del mar.

Jesús no estaba tan impresionado. Les dijo: «¿Veis todo esto? De cierto os digo, que no quedará aquí piedra sobre piedra, que no sea derribada» (Mateo 24.2).

Imagínate a alguien prediciendo el colapso de la Casa Blanca, el Palacio de Buckingham o el Museo del Louvre. ¿No querrías algunos detalles? Los discípulos sí los quisieron. «Dinos, ¿cuándo serán estas cosas, y qué señal habrá de tu venida y del fin del siglo?» (v. 3).

Estando sentado en el monte de los Olivos, con la ciudad de David a plena vista, Jesús pronunció una advertencia estilo «abróchate el cinturón de seguridad, no estoy bromeando, la vida puede ser fatal para la salud».

Comenzó con: «Mirad que nadie os engañe. Porque vendrán muchos en mi nombre, diciendo: Yo soy el Cristo; y a muchos engañarán» (vv. 4-5). Fíjate en la aparición doble de la palabra *muchos*. Muchos engañadores y muchos engañados. Las iglesias son recipientes para el cultivo de bacterias para los egoístas, que solo se preocupan por sí mismos y se disfrazan de ministros de Dios. Lo hacen «en su nombre», adjudicándose una posición especial, una espiritualidad superior. Se jactan de tener información privilegiada y adornan sus enseñanzas con frases como «Dios me lo dijo...», «Dios me habló...», «Dios me guió...» Se presentan como gurúes religiosos, que saben descifrar los códigos secretos, miembros de un círculo íntimo, dando a entender que tienen acceso a conocimiento que no está disponible para la persona común y corriente. Algunos aun se colocan en la posición del propio Jesús diciendo: «Yo soy el Cristo» (v. 5).

José Luis de Jesús Miranda está entre ellos. Él no

simplemente habla de Jesús ni le ora a Jesús. Este hombre afirma ser Jesús reencarnado. A diferencia de Jesús de Nazaret, este supuesto Jesús de Puerto Rico enseña que no hay pecado y que sus seguidores no pueden hacer nada malo. Miles de seguidores en más de treinta países se han tragado esta píldora.[2]

No dejes que te engañen, advierte Jesús. No te dejes atraer por las apariencias astutas, la oratoria elocuente o las actuaciones. Más adelante, en el mismo sermón Jesús dijo: «Se levantarán falsos Cristos, y falsos profetas, y harán grandes señales y prodigios, tal manera que engañarán, si fuere posible, aun a los escogidos» (Mateo 24.24).

Multitudes y milagros. Grandes audiencias y obras espectaculares. Muchísima gente. Muestras de poder. Cuando las veas, ten cuidado. Las cantidades grandes no quieren decir que la fe sea verdadera. No te dejes impresionar por el ruido o por las triquiñuelas. Satanás las puede falsificar.

Filtra todos los mensajes y mensajeros a través de estos versículos: «¿Quién es el mentiroso, sino el que niega que Jesús es el Cristo? Este es anticristo, el que niega al Padre y al Hijo. Todo aquel que niega al Hijo, tampoco tiene al Padre» (1 Juan 2.22-23). Los falsos profetas minimizan el papel de Cristo y maximizan el de la humanidad. Sé diligente en cuanto a la doctrina. Concéntrate en una pregunta: ¿está este individuo dirigiendo a Jesús a los que lo escuchan? Si la respuesta es sí, da gracias y ora por esa persona. Si la respuesta es no, vete cuando todavía lo puedas hacer.

Junto a la herejía podemos esperar la calamidad. «Y oiréis de guerras y rumores de guerras; mirad que no os turbéis, porque es necesario que todo esto acontezca; pero aún no es el fin. Porque se levantará nación contra nación, y reino contra reino, y habrá pestes, y hambres, y terremotos en diferentes lugares. Y todo esto será principio de dolores» (Mateo 24.6-8).

La naturaleza es una creación embarazada con el peso del tercer trimestre. Cuando un tornado azota a una ciudad en Kansas o un terremoto deja en escombros a una región en Pakistán, esto es más que cambios barométricos o quiebras que los movimientos geológicos han producido en un terreno. El universo está pasando a través de sus horas finales antes del parto. Dolorosas contracciones están en el pronóstico.

También lo están los conflictos: «guerras y rumores de guerras». Una nación que invade a otra. Un superpoder que desafía a otro. Las fronteras siempre van a necesitar controles. Los corresponsales de guerra siempre van a tener trabajo. Los habitantes de la tierra nunca verán la paz en este lado del cielo.

Los cristianos son los que van a sufrir más. «Entonces os entregarán a tribulación, y os matarán, y seréis aborrecidos de todas las gentes por causa de mi nombre. Muchos tropezarán entonces, y se entregarán unos a otros, y unos a otros se aborrecerán. Y muchos falsos profetas se levantarán, y engañarán a muchos; y por haberse multiplicado la maldad, el amor de muchos se enfriará» (Mateo 24.9-12).

El paraíso está habitado por personas cuyas muertes cumplen esta profecía. Pedro, Pablo. Esteban. Santiago. Ignacio de Antioquía. Policarpo. Justino el Mártir. Orígenes. El mundo odiaba a estos seguidores de Cristo.

El odio todavía abunda. Voice of the Martyrs, una agencia

cristiana que defiende las libertades religiosas, afirma que más seguidores de Cristo han sido asesinados por su fe en el último siglo que en todos los anteriores juntos. Los nombres de Pablo, Santiago y Pedro se han unido a los de Tsehay Tolessa de Etiopía, Xu Yonghai de China, Mehdi Dibaj de Irán.[3] La organización Global Evangelization Movement (Movimiento global para la evangelización) informa un promedio de ciento sesenta y cinco mil mártires por año, más de cuatro veces la cifra de hace un siglo.[4]

Estados Unidos de América, un país que puede estar orgulloso de tener libertad religiosa, sufre cada vez más demostraciones de ira hacia los creyentes. Los profesores públicamente se burlan de los estudiantes que creen en la Biblia. Los anfitriones de programas de televisión de entrevistas, denigran a las personas de fe. Podemos esperar que aumente la persecución. Cuando lo haga, las convicciones débiles se van a venir abajo. «El amor de muchos se enfriará» (v. 12). Los polizones van a saltar del barco. Los que tienen el corazón tibio, lo tendrán frío. Muchos de los que asisten a la iglesia serán revelados como los simuladores de la fe; harán muy desdichada la vida de los fieles.

¿Nos llegará a nosotros esta persecución? Para algunos de ustedes ya ha comenzado. Para muchos de nosotros podría llegar. Si nos arrojan a la cárcel por nuestra fe o derrocan nuestras convicciones, quiera Dios ayudarnos a ti y a mí a recordar el consejo de Cristo: «Procuren no alarmarse» (v. 6, NVI).

No te aterrorices ante la herejía, la calamidad y la apostasía. No cejes ni abandones, porque pronto vas a ser testigo de la victoria: «Mas el que persevere hasta el fin, este será salvo. Y será predicado este evangelio del reino en todo el mundo, para testimonio a todas las naciones; y entonces vendrá el fin» (vv. 13-14).

Jesús equipó a sus seguidores con valor dándoles una visión del futuro. Enumeró los huracanes de la vida y luego los señaló como «el fin». La confianza en la victoria final da valor supremo. El escritor Jim Collins hace referencia a este punto de vista en su libro titulado *Empresas que sobresalen*. Collins relata la historia del almirante James Stockdale, que fue prisionero de guerra durante ocho años en la Guerra del Vietnam.

Después de que lo pusieran en libertad, Collins le preguntó a Stockdale cómo había podido sobrevivir ocho años en un campo de prisioneros de guerra.

Él respondió: «Nunca perdí la fe en el final de la historia. Nunca dudé que no solo iba a salir de allí, sino que al final vencería y haría de esa experiencia el momento que definiría mi vida, lo cual, mirando hacia atrás, no lo cambiaría».

Luego Collins le preguntó: «¿Quiénes fueron los que no salieron?» El almirante Stockdale respondió: «Oh, eso es fácil. Los optimistas... Ellos fueron los que decían: "Vamos a estar fuera de aquí para cuando llegue la Navidad". Y la Navidad llegaba, y la Navidad pasaba. Entonces decían: "Vamos a salir antes de la Pascua". Y la Pascua llegaba, y la Pascua pasaba. Y luego el Día de Acción de Gracias, y de nuevo la Navidad. Y murieron porque se les rompió el corazón».[5]

El verdadero valor adopta las realidades gemelas de la dificultad presente con el triunfo final. Sí, la vida es pésima. Pero no lo será para siempre. Como le gusta decir a uno de mis amigos: «Todo se va a arreglar al final. Si no se está arreglando, no es el final».

Aunque la iglesia vaya disminuyendo, al igual que el ejército de Gedeón, aunque la tierra de Dios sea azotada por el clima y ensangrentada por las desgracias, aunque la creación misma parezca estar encallada en los mares de la Antártida, no reacciones en forma exagerada. «Guarda silencio ante Jehová, y espera en él. No te alteres con motivo del que prospera en su camino, por el hombre que hace maldades» (Salmos 37.7).

Evita ser un eterno optimista. No ganamos nada encubriendo la brutalidad de la existencia humana. Este es un mundo tóxico. Pero tampoco debemos unirnos al coro de los que siempre están pronosticando tragedias y pesimismo. «¡El cielo se nos cae encima! ¡El cielo se nos cae encima!» En algún lugar, en medio de estas dos posiciones, entre la negación total y el pánico evidente, se encuentra el equilibrado, sensato, y que todavía cree, seguidor de Cristo. Con los ojos bien abiertos, pero sin miedo. Sin sentir terror de lo que aterroriza. El niño más calmo de la cuadra, no porque falten acosadores, sino por su fe en su Hermano mayor. Las personas de antaño que creían en Dios tenían esta paz: «Aunque un ejército acampe contra mí, no temerá mi corazón; aunque contra mí se levante guerra, yo estaré confiado» (Salmos 27.3).

Después de que las bombas de la Segunda Guerra Mundial destrozaron la ciudad de Varsovia, solo una estructura enclenque quedó en la calle principal de la ciudad. «La estructura, que estaba muy dañada, era la oficina principal polaca de la Sociedad Bíblica, Británica y Extranjera, y las palabras en la única pared que quedaba en pie se podían leer con toda claridad desde la calle... "El cielo y la tierra pasarán, pero mis palabras no pasarán"».[6] Esta es la figura de la esperanza cristiana. Aunque el mundo pueda derrumbarse, la obra de Cristo permanecerá.

Así que, *procuren no alarmarse* (Mateo 24.6, NVI).

«Procurar, esforzarse...» Los jefes y los maestros dicen: «*Procuren* [hagan un esfuerzo para] llenar esos formularios». O: «Tu tarea debe ser entregada mañana. *Esfuérzate* para terminarla». *Procurar,* la palabra implica atención adicional, enfocarse especialmente, resolver hacer algo. ¿No es esto lo que Cristo nos está pidiendo? En estos días peligrosos, en este mundo, que es tan frágil como una cáscara de huevo pintada, con las noticias llenas de colapsos económicos y terroristas por todos lados, tenemos razón para retirarnos a los refugios subterráneos que nos protegen del temor y la ansiedad.

Pero Cristo nos dice: «Procuren no alarmarse» (NVI).

«No se asusten» (TLA).

«Mirad que no os turbéis».

«Sé fiel hasta la muerte, y yo te daré la corona de la vida» (Apocalipsis 2.10).

Asegúrate de que el casco de tus convicciones pueda soportar el estrés de los choques.

Ojalá que los que construyeron el barco *Titanic* hubieran sido así de sabios. El lujoso transatlántico se hundió porque sus constructores usaron remaches de mala calidad y no tenían planes buenos. Los remaches son el pegamento que une las placas de acero. Como se les acabaron los remaches de buena calidad, los constructores usaron unos de mala calidad, los cuales se cortaron cuando el barco chocó con un témpano de hielo.[7]

¿Cuán firmes son los remaches de tu fe? Refuérzalos diariamente con lectura bíblica, adoración regular y comunión sincera con Dios. «El valor es temor que ha orado».[8]

Y recuerda: «Y todo esto [los tiempos de problemas] será principio de dolores» (Mateo 24.8). Algunas traducciones dicen «dolores de parto», y los dolores de parto no son tan malos. (Para mí es fácil decirlo.) Los dolores de parto indican que va a llegar el momento de empujar por última vez. El doctor le asegura a la que va a ser mamá: «Va a doler por un rato, pero luego va a ser mejor». Jesús nos asegura lo mismo. Los conflictos globales indican la fecha en el calendario de maternidad. Estamos en las horas finales, tenemos que empujar un poco más para dar a luz, unos tic-tacs más del reloj de la eternidad nos separan de la gran coronación de la creación. ¡Y un mundo nuevo está por llegar!

«Es necesario que todo esto acontezca» (Mateo 24.6). *Necesario* es una palabra que escuchamos con agrado que nos afirma que todos los acontecimientos, aun los más violentos, son parte de un plan divino. Cada prueba y problema tiene un lugar en el plan de Dios. «La razón por la cual no debemos sentir terror no es porque las guerras no sean aterradoras. Todo lo contrario. Es porque sobre todo el caos reina un plan divino».[9]

Todas las cosas, grandes y pequeñas, fluyen del propósito de Dios y se usan para cumplir su voluntad. Cuando el mundo parece fuera de control, no lo está. Cuando parece que los belicistas están a cargo, no lo están. Cuando las catástrofes ecológicas dominan las noticias, no dejes que ellas te dominen.

Confiemos en nuestro Padre celestial de la misma forma en que Peter Wirth confió en su padre terrenal.

Peter era un estudiante universitario de veintiún años de edad cuando comenzó a sentir un dolor agudo en su hombro derecho. Así que llamó a su padre para pedirle consejo. La mayoría de los estudiantes haría lo mismo: llamar a su casa para que los aconsejen. Pero pocos estudiantes tienen un padre mejor para llamar en tal situación. Michael, el padre de Peter, es un cirujano ortopédico de fama mundial, y su especialidad es los hombros. Que Peter llamara al doctor Wirth con un problema en el hombro, es lo mismo que la hija de Bill Gates lo llamara a él con una pregunta sobre computación.

Al principio, Michael atribuyó el dolor de Peter a que este hacía ejercicio levantando pesas. Pero cuando el entumecimiento y el hormigueo fueron constantes, el doctor tuvo sospechas de que fuera una enfermedad del hombro extremadamente rara que se llama trombosis venosa profunda. Se estaba formando un coágulo en el hombro de su hijo, peligrosamente cerca del corazón. Michael no solo sabía acerca de esa enfermedad, sino que había sido coautor de un escrito sobre cómo tratarla. Así que le dijo a Peter que fuera a la sala de emergencias y que pidiera que le hicieran una ecografía. Lo que sucedió fue que el diagnóstico a larga distancia que hizo Michael fue ratificado. Inmediatamente admitieron a Peter en el hospital, donde disolvieron el coágulo, y la vida terrenal del joven fue alargada.

¿No sería maravilloso tener un padre así?

Lo tenemos. Él ha diagnosticado el dolor del mundo y ha escrito un libro sobre su tratamiento. Podemos confiar en él. «Todo se va a arreglar al final. Si no se está arreglando, no es el final».

Capítulo 14

El único temor saludable

Al oír esto los discípulos, se postraron sobre sus rostros, y tuvieron gran temor. Entonces Jesús se acercó y los tocó, y dijo: Levantaos, y no temáis.

—Mateo 17.6-7

Temer que Dios salga de mi vida

Una mujer que estaba en la fila de admisión del hotel tenía uno de mis libros debajo del brazo. Yo vacilé en cuanto a presentarme, por miedo de que ella me explicara que su doctor le había recomendado ese libro como tratamiento para el insomnio. Pero corrí el riesgo. En realidad dijo que le gustaba. Pero al darme una segunda mirada, no creyó que yo era quien afirmaba ser.

Abrió la sobrecubierta del libro, la miró, y luego me miró a mí:

—Usted no es Max Lucado.

—Sí, yo soy. La foto del libro fue tomada hace muchos años, y he cambiado.

Sin sonreír, volvió a mirar la foto.

—No —insistió—. Max Lucado tiene bigote, no tiene arrugas y tiene mucho cabello.

—Yo tenía mucho cabello —le expliqué.

Ella no cedió.

—Él todavía tiene pelo.

Comencé a mostrarle mi licencia de conducir, pero opté por no hacerlo y dejar que viviera con aquella ilusión. Después de todo, si ella quería recordarme como cuando yo tenía treinta años, ¿quién era yo para discutir?

Además, entiendo su renuencia. Una vez que te has hecho idea de cómo se ve alguien, es fácil dejar a la persona allí. Ella creía entenderme completamente. Me había definido. Captado. Congelado en un cuadro con una imagen tamaño postal. Max en una caja.

Las cajas ayudan a que el mundo esté ordenado. No dejan que el cereal se derrame y que los libros se caigan. Cuando se trata de guardar cosas, son maravillosas. Pero cuando se trata de explicar a las personas, no sirven. Y cuando se trata de definir a Cristo, menos aun.

Quiero que sepas que sus contemporáneos palestinos trataron de hacerlo. Diseñaron una cantidad de cajas. Pero ninguna le sirvió. Lo llamaron revolucionario; entonces pagó impuestos. Lo tildaron de carpintero del campo, pero los eruditos se sentían confundidos por sus palabras. Fueron para ver sus milagros, pero Él se rehusó a complacerlos. Desafió las definiciones fáciles. Era un judío que atraía a los gentiles. Un rabí que desistió de las sinagogas. Un hombre santo que se codeaba con prostitutas y personas desleales. En una sociedad dominada por los hombres, Él reclutaba mujeres. En una cultura totalmente opuesta a Roma, optó por no censurar a Roma. Hablaba como un rey y, sin embargo, vivía como un peregrino. La gente trató de asignarle títulos, pero no pudieron hacerlo.

Y todavía tratamos.

Un taxista en el Brasil tenía una miniatura de Jesús pegada al tablero de instrumentos. Cada vez que necesitaba un lugar para estacionar o una luz verde, tocaba su Jesús de plástico para que le hiciera el favor.

Un predicador que tenía un programa a medianoche me aseguró a mí y a otros televidentes nocturnos que la prosperidad se podía obtener con una oración. Solo pídele a Jesús, el que te proveerá el dinero.

Una vez yo reduje a Cristo a un puñado de doctrinas. Él era una receta, y yo tenía los ingredientes. Si los mezclaba correctamente, el Jesús que yo había hecho, aparecería.

Los políticos toman versiones de Jesús, de su propia formación, de una estantería, afirmando que con toda seguridad Jesús votaría por los que apoyan la ecología, los conservadores; a menudo, nunca; como un halcón, una paloma o un águila. El Jesús de los políticos resulta muy práctico durante las elecciones.

Tenemos dioses del tamaño que nos conviene. Los encontrarás en la apretada mano de la gente que prefiere un dios que pueda manejar, controlar y predecir. Esta vida al revés requiere una deidad dócil, ¿no es verdad? En un mundo fuera de control, necesitamos un dios que podamos controlar, una presencia que nos haga sentir bien, semejante a un perro que se siente en nuestras rodillas o el gato en la cocina. Lo llamamos y él viene. Lo acariciamos y ronronea. *Si tan solo pudiéramos mantener a Dios en su lugar...*

Pedro, Jacobo y Juan deben haber tratado de hacerlo. ¿De

qué otra manera puedes explicar la expedición, fuera de todo convencionalismo, en la cual los llevó Jesús?

> Seis días después, Jesús tomó a Pedro, a Jacobo y a Juan su hermano, y los llevó aparte a un monte alto; y se transfiguró delante de ellos, y resplandeció su rostro como el sol, y sus vestidos se hicieron blancos como la luz. Y he aquí les aparecieron Moisés y Elías, hablando con él. Entonces Pedro dijo a Jesús: Señor, bueno es para nosotros que estemos aquí; si quieres, hagamos aquí tres enramadas: una para ti, otra para Moisés, y otra para Elías. Mientras él aún hablaba, una nube de luz los cubrió; y he aquí una voz desde la nube, que decía: Este es mi Hijo amado, en quien tengo complacencia; a él oíd. Al oír esto los discípulos, se postraron sobre sus rostros, y tuvieron gran temor. Entonces Jesús se acercó y los tocó, y dijo: Levantaos, y no temáis. Y alzando ellos los ojos, a nadie vieron sino a Jesús solo. (Mateo 17.1-8)

Los puntos altos en las Escrituras parecen ocurrir en los puntos altos de la tierra. Abraham ofreciendo a Isaac en el monte Moriah. Moisés viendo la zarza ardiendo en el monte Sinaí. Elías ascendiendo al cielo desde el monte Horeb. Cristo redimiendo a la humanidad en una colina llamada el Calvario. Y a Jesús recibiendo azotes en el monte Hermón.

Nadie sabe con seguridad, pero la mayoría de los historiadores colocan este acontecimiento en una montaña de unos nueve mil doscientos pies [tres mil metros] de alto que se llama monte Hermón. Se eleva sobre el paisaje norte israelí, y se puede ver desde el mar Muerto que queda a cien millas [ciento sesenta kilómetros] de distancia. Este gigantesco pico coronado de nieve era el lugar perfecto para el retiro de Cristo con Pedro, Jacobo y Juan. Lejos del griterío de las multitudes y de las molestas controversias, Jesús podía tener toda la atención de sus tres amigos más íntimos. Juntos podían mirar hacia el mar de Galilea, de color azul turquesa o a la gran llanura, salpicaba de colinas llenas de vides. Aquí ellos podían orar. «[Jesús] tomó a Pedro, a Juan y a Jacobo, y subió al monte a orar» (Lucas 9.28). Cristo necesitaba fuerzas. Le faltaban unos meses para ir a la cruz. Las lanzas de los soldados y el rencor de las multitudes estaban por delante. Necesitaba fortaleza para enfrentarlos, y quería que sus seguidores vieran dónde la encontraba.

A alguna altura mientras oraba, el tierno Carpintero que comía pan sin levadura y carne asada en un pincho, y hablaba con acento galileo, se transformó en una figura cósmica de luz. «Y se transfiguró delante de ellos, y resplandeció su rostro como el sol, y sus vestidos se hicieron blancos como la luz» (Mateo 17.2).

Luz salía de él. Brillante. Explosiva. Electrizante. El resplandor salía de cada poro de su piel y de cada parte de su ropa. Jesús resplandecía. Mirar a Jesús era como mirar directamente a la constelación Alfa Centauro. Marcos quiere que nosotros sepamos que «sus vestidos se volvieron muy blancos ... tanto que ningún lavador en la tierra los puede hacer tan blancos» (Marcos 9.3).

Este color radiante no era el trabajo de una lavandería, era la presencia de Dios. Las Escrituras muchas veces igualan la presencia de Dios con la luz, y la luz con la santidad. «Dios es luz, y no hay ningunas tinieblas en él» (1 Juan 1.5). Él habita en «luz inaccesible» (1 Timoteo 6.16). Entonces, el Cristo transfigurado es Cristo en su forma más pura.

También es Cristo como verdaderamente es, usando su ropaje de antes de Belén, y de después de la resurrección. «No es un galileo pálido, sino una figura sobresaliente, vigorosa que no puede ser doblegada».[1] Es un «sumo sacerdote [que nos] convenía: santo, inocente y sin mancha, apartado de los pecadores» (Hebreos 7.26). Un diamante sin ninguna imperfección, una rosa sin ninguna parte estropeada, una canción en el tono perfecto y una poesía con rima impecable.

En un instante, Pedro, Jacobo y Juan eran mosquitos a la sombra de un águila. Nunca habían visto a Jesús de esa forma. Sí lo habían visto caminar sobre el agua, multiplicar el pan, hablarle al viento, hacer salir demonios y resucitar muertos. Pero, ¿que se viera como una antorcha encendida? Y resulta que Jesús estaba solo en la etapa del precalentamiento.

Aparecieron dos visitantes: Moisés y Elías. El que dio la ley y el príncipe de los profetas pasaron a través del fino velo que separa a la tierra del paraíso. «Quienes aparecieron rodeados de gloria, y hablaban de su partida, que iba Jesús a cumplir en Jerusalén» (Lucas 9.31).

Moisés y Elías eran el Washington y el Lincoln de los judíos. Sus cuadros colgaban en todas las galerías de personajes famosos de los hebreos. Y allí estaban ellos, la respuesta a la oración de Jesús. No es como si esperáramos que Pedro, Jacobo y Juan repitieran la pregunta que hicieron en el mar de Galilea: «¿Qué clase hombre es éste?» (Mateo 8.27, NVI). ¿El mayordomo de la ley y el maestro de los profetas respondiendo a su mandato?

A esta altura Pedro se aclaró la garganta para hablar. El fuego de la montaña hizo que metiera la pata. «Señor, bueno es para nosotros que estemos aquí; si quieres, hagamos aquí tres enramadas: una para ti, otra para Moisés, y otra para Elías» (Mateo 17.4).

Tal vez esas palabras nos parezcan inofensivas, y algunos tal vez piensen que es una buena idea. Nos gusta inmortalizar momentos como esos con estatuas, tablas de piedra o monumentos. Pedro cree que ese acontecimiento merece un programa especial de construcción y se ofrece de voluntario para el comité. Buena idea, ¿no es verdad?

No desde la perspectiva de Dios. La idea de Pedro de construir tres enramadas era tan fuera de lugar y tan inapropiada que Dios no le permitió terminar la frase. «Mientras él [Pedro] aún hablaba, una nube de luz los cubrió; y he aquí una voz desde la nube, que decía: Este es mi Hijo amado, en quien tengo complacencia; a él oíd» (v. 5).

Amado significa «que no se le puede adjudicar valor» y «único». No hay nadie como Cristo. Ni Moisés, ni Elías, ni Pedro, ni Zoroastro, ni Buda o Mahoma. Ni en el cielo ni en la tierra. Jesús, declaró el Padre, no es «un hijo», ni aun «el mejor de todos los hijos». Él es el «Hijo amado».

Pedro no se dio cuenta de eso. Él colocó a Cristo en una caja respetable con la etiqueta de «los grandes hombres de la historia». Quiso darles a Jesús, a Moisés *y* a Elías un honor igual. Pero Dios no lo toleró. Cristo no tiene homólogos. Solo una enramada se debería construir, porque solamente una persona en el monte merecía ser honrada.

Pedro, Jacobo y Juan se quedaron callados. No más conversación sobre programas de construcción. No más discusiones sobre basílicas, enramadas, monumentos conmemorativos o edificios. Eran tripulantes de un submarino llegando a la parte más profunda del océano, astronautas alunizando en la superficie de la luna. Vieron lo que ninguna otra persona ha visto: a Cristo en su grandeza cósmica. Las palabras no sirven en un momento como ese. Se les fue la sangre del rostro, se pusieron muy pálidos. Les temblaban las piernas y el pulso se les aceleró. «Se postraron sobre sus rostros, y tuvieron gran temor» (17.6).

El fuego en la montaña llevó al temor en la montaña. Un temor santo, saludable. Pedro, Jacobo y Juan experimentaron un terror que les dio fuerzas, una reverencia estabilizadora del único Dios verdadero. Encontraron a la Persona que puso en su lugar a las estrellas como si fueran diamantes sobre terciopelo, que se llevó a los profetas en carros y que dejó a Faraón tratando de no tragar agua en el mar Rojo.

Captaron, en lo más profundo de su ser, que Dios estaba, en todo momento, en todos los lugares y aquí. La pura vista del Galileo que resplandecía les quitó todas las ínfulas de arrogancia, dejándolos en la posición apropiada: en el suelo. Sobre sus rostros. «Los discípulos, se postraron sobre sus rostros, y tuvieron gran temor» (v. 6).

Este es el temor de Dios. La mayor parte de nuestros temores son ponzoñosos. Roban el sueño y quitan la paz. Pero este temor es diferente. «Desde la perspectiva bíblica, no hay nada neurótico en cuanto a temerle a Dios. Lo neurótico es *no* tener temor, o temerle a lo incorrecto. Es por eso que Dios ha elegido hacerse conocer, para que podamos dejar de temerles a las cosas erradas. Cuando Dios se ha revelado totalmente, y nosotros "nos damos cuenta", entonces experimentamos la conversión de nuestro temor... "El temor del Señor" es el reconocimiento más profundo de que nosotros no somos Dios».[2]

¿Cuánto tiempo hace que no sientes ese temor? ¿Desde que una nueva comprensión de Cristo te hizo doblar las rodillas y te quedaste sin aire en los pulmones? ¿Desde que una mirada a Él te dejó sin palabras y sin aliento? Si hace tiempo, eso explica tus temores.

Cuando Cristo es grande, nuestros temores son chicos.

A medida que tu visión de Jesús se agranda, los temores de la vida disminuyen. Un Dios grande se traduce en mucho valor. Una visión pequeña de Dios no genera valor. Un Jesús que tiene limitaciones, y que es pequeño, no tiene poder sobre las células cancerosas, los colapsos de las bolsas de comercio y las calamidades globales. Un Jesús que pueda ser empaquetado y sea portátil, tal vez quepa bien en una cartera o en un estante, pero no hace nada por tus temores.

Debe haber sido por eso que Jesús llevó a sus discípulos al monte. Vio la caja a la cual lo habían confinado. Vio el futuro que les esperaba: la negación de Pedro al lado de la fogata, las prisiones en Jerusalén y en Roma, las demandas de la iglesia, y las persecuciones de Nerón. Una versión del tamaño de una caja de Dios no les serviría. Así que Jesús quitó los márgenes de sus ideas preconcebidas.

Quiera Él también quitarles los márgenes a las nuestras.

¿No necesitamos conocer al Cristo transfigurado? ¿De cuya boca sale fuego sagrado? ¿Quién convoca y les da órdenes a las figuras históricas? ¿El que ocupa el lugar más alto y usa la única verdadera corona del universo, el amado Hijo de Dios? ¿El que lleva a sus amigos a la cumbre del monte Hermón para que puedan tener una vislumbre del cielo?

Sube. Da una mirada larga y nostálgica al Fuego, al Santo, al Altísimo, al Único. Y mientras lo haces, todos tus temores, menos el temor a Cristo, se derretirán como cubitos de hielo que caen a una acera en verano. Estarás de acuerdo con David: «Jehová es mi luz y mi salvación; ¿de quién temeré?» (Salmos 27.1).

En el libro *El príncipe Caspian*, Lucy ve a Aslan, el león, por primera vez en muchos años. Él ha cambiado desde su último encuentro. Su tamaño la sorprende, y ella se lo dice:

> —Aslan —le dijo Lucy—, tú eres más grande.
>
> —Eso es porque tú eres mayor, pequeñita —le contestó.
>
> —¿No porque tú eres más grande?
>
> —No soy más grande. Pero todos los años, a medida que creces, me encontrarás más grande.[3]

Y lo mismo sucede con Cristo. Cuanto más tiempo vivimos en Él, tanto más grande llega a ser en nosotros. No es que cambie, sino que nosotros cambiamos; vemos más de Él. Vemos dimensiones, aspectos y características que nunca habíamos visto antes, porciones cada vez mayores y sorprendentes de su pureza, poder y singularidad. Desechamos las cajas y las viejas imágenes de Cristo como si fueran pañuelos de papel usados. No nos atrevemos a colocar a Cristo en un partido político conservador o liberal. La certeza arrogante se convierte en simple curiosidad. ¿Definimos a Jesús con una doctrina o los confinamos a una opinión? De ninguna manera. Sería más fácil poner todo el mar Caribe en una red para cazar mariposas que colocar a Cristo en una caja.

Al fin, respondemos como los apóstoles. Nosotros también nos postramos sobre nuestro rostro y lo adoramos. Y cuando lo hacemos, la mano del Carpintero se extiende a través de la llama impresionante de fuego y nos toca: «Levantaos, y no temáis» (Mateo 17.7).

Esta es mi corazonada. Pedro, Jacobo y Juan descendieron del monte, quemados por el sol, pero sonriendo, caminando con brío y tal vez con cierto aire de arrogancia. Con un Mesías como este, ¿quién los podría herir?

He aquí mi otra corazonada. En el monte Hermón todavía hay un gran fuego, y hay lugar para invitados.

Conclusión

El salmo de William

A las 8:17 de la noche del día 3 de marzo de 1943, las sirenas que advierten de un bombardeo sonaron a todo volumen sobre Londres, Inglaterra. Los trabajadores y los que iban de compras, se detuvieron en las aceras y miraron al cielo. Los autobuses se detuvieron y los pasajeros se bajaron. Los conductores hicieron chirriar los frenos y salieron de sus automóviles. A la distancia se podían escuchar tiroteos. La artillería antiaérea cercana disparó una salva de cohetes. Las multitudes en las calles comenzaron a gritar. Otros se cubrían la cabeza y gritaban: «¡Están empezando a caer!» Todo el mundo miraba hacia arriba para atisbar los aviones enemigos. El hecho de que no vieron ninguno, no hizo nada por frenar la histeria.

La gente corría hacia la estación subterránea Bethnal Green, donde más de quinientos ciudadanos ya se estaban refugiando. En los próximos diez minutos, mil quinientas personas más se unirían a ellos.

Los problemas comenzaron cuando una oleada de los que

buscaban seguridad se precipitó al mismo tiempo en la escalera de entrada. Una mujer que llevaba en brazos a un bebé dio un traspié en uno de los disparejos diecinueve escalones que conectaban con la calle. Su caída detuvo al flujo de gente que quería bajar, causando un efecto dominó en otros que cayeron sobre ella. En unos segundos, cientos de horrorizadas personas estaban cayendo juntas, apilándose como ropa para lavar en un canasto. Las cosas empeoraron cuando los que llegaban tarde pensaron que estaban siendo bloqueados en forma deliberada para que no entraran (no fue así). Así que comenzaron a empujar. El caos duró menos de un cuarto de hora. Desenredar los cuerpos tomó hasta la medianoche. Al final, ciento setenta y tres personas, entre ellas hombres, mujeres y niños, murieron.

No había caído ni una bomba.

Las balas no mataron a la gente. Las mató el miedo.[1]

Al temor le encanta una buena estampida. El día de pago del temor es el pánico ciego, la preocupación infundada y las noches sin dormir. Últimamente, el temor ha estado ganando mucho dinero.

He aquí una prueba. ¿Cuán lejos tienes que ir para escuchar el recordatorio «ten miedo»? ¿Cuán cercano está el siguiente memorándum que dice «Estás en problemas»? ¿Cuando volteas la página del periódico? ¿Cuando sintonizas la radio? ¿Cuando miras la página de Internet en el monitor de tu computadora? De acuerdo a los medios de comunicación, el mundo es un lugar que da miedo.

Y sospechamos que hay una campaña para mantenerlo de esa forma. El temor vende. El temor hace que los que lo miran estén pegados a sus asientos, hace que las revistas se agoten en los estantes, y pone dinero en los bolsillos del sistema. Para mantener nuestra atención, los noticieros han aprendido a confiar en un glosario de frases que incitan el temor. «A continuación, la atemorizadora verdad de estar trancados en el tránsito». «El hombre que dejó que su esposa comprara demasiado». «Lo que puedes hacer para evitar el peligro». «Lo que tal vez no sepas sobre el agua que bebes».

Frank Furedi documentó el uso cada vez mayor del temor contando las veces que aparecía el término *en peligro* en los periódicos ingleses. En 1994 el término apareció dos mil treinta y siete veces. Para fines del siguiente año, el total fue el doble. Aumentó cincuenta por ciento en 1996. Durante el año 2000 *en peligro* fue impreso más de dieciocho mil veces.[2] En realidad, ¿el peligro en el mundo aumentó nueve veces más en seis años? Estamos salpicados de malas noticias. El calentamiento global, los ataques de los asteroides, el virus SARS, genocidios, guerras, terremotos, tsunamis, SIDA... ¿Se detiene alguna vez? Las malas noticias están causando daño. Somos la cultura que más se preocupa de todas las edades. Por primera vez desde la Segunda Guerra Mundial, los padres esperan que la vida de la siguiente generación sea peor que la de ellos.[3]

Aun cuando las expectativas de vida son el doble, y las investigaciones para curar enfermedades están en su punto más alto, pensarías que la peste bubónica está azotando en las calles. El reportero Bob Garfield investigó los artículos sobre la salud en publicaciones importantes y descubrió que, entre otras cosas,

- Cincuenta y nueve millones de estadounidenses están enfermos del corazón,
- Cincuenta y tres millones de estadounidenses sufren de jaqueca,
- Veinticinco millones de estadounidenses tienen osteoporosis,
- Dieciséis millones luchan con la obesidad,
- Tres millones tienen cáncer,
- Dos millones tienen desórdenes cerebrales serios.

Se informa que en total quinientos cuarenta y tres millones de estadounidenses consideran que tienen alguna enfermedad seria, un número perturbador, puesto que hay doscientos sesenta y seis millones de habitantes en el país. Como notara Garfield: «O como sociedad tenemos un destino funesto, o alguien está siendo contado dos veces».[4]

Hay una estampida de temor afuera. Que no seamos arrastrados por ella. Que nos encontremos entre los que permanecen en calma. Debemos reconocer el peligro, pero no sentirnos abrumados. Reconozcamos las amenazas, pero rehusémonos a que ellas nos definan. Que otros sean los que respiren el aire contaminado de la ansiedad, y no nosotros. Que seamos contados entre los que escuchan una voz diferente, la voz de Dios. Suficiente de esos gemidos de desesperación, de gritos de fatalidades. ¿Por qué hacerles caso a los fatalistas de la bolsa de valores o a la cantidad de pesimismo de los periódicos? Inclinemos nuestros oídos a otro lugar: hacia el cielo. Nos volveremos a nuestro Creador y, porque lo hacemos, temeremos menos.

El valor no se deja sobrecoger por el pánico; ora. El valor no lamenta; cree. El valor no languidece; escucha. Escucha la voz de Dios llamando en las Escrituras: «No temáis». Escucha la voz de Cristo confortando en los pasillos de los hospitales, en los cementerios y en las zonas de guerra:

> Ten ánimo, hijo; tus pecados te son perdonados. (Mateo 9.2)
>
> ¡Cálmense! Soy yo. No tengan miedo. (Mateo 14.27, NVI)
>
> Oirán de guerras y rumores de guerras, pero procuren no alarmarse. (Mateo 24.6, NVI)
>
> No se turbe vuestro corazón. (Juan 14.1)
>
> No se angustien ni se acobarden. (Juan 14.27, NVI)
>
> No temáis, pues; más valéis vosotros que muchos pajarillos. (Lucas 12.7)
>
> No tengan miedo. (Lucas 12.7, NVI)

Seguiremos el asombroso ejemplo de William Fariss, que es un niño de siete años que vio cuando su casa se incendiaba. Él es hijo de un traductor bíblico pionero en la parte occidental de África, un niño muy inteligente con un interés enorme en los dinosaurios y en los animales. Su familia vivía en una casa de techo de lata cubierto de paja. Un día el viento llevó unas chispas de una fogata cercana, y cayeron en el techo de paja de la familia Fariss, por lo que se incendió. La familia trató de salvar la casa, pero no lo lograron debido al aire seco y al caliente sol de África. Mientras veían cómo su casa era reducida a cenizas y a ladrillos carbonizados, la madre de William lo escuchó orar. Ella notó que sus palabras sonaban como las palabras de un salmo, y cuando lo escuchó repetirlas unos días más tarde, las anotó.

A través de viento y lluvia
A través de fuego y lava
El Señor nunca te dejará.
A través de terremotos e inundaciones
A través de mareas que cambian y cenizas que queman
El Señor nunca te dejará.
Si lo amas, Él te bendecirá
Y te dará muchas cosas.

. . . .

¿Quién puede parar la mano del Señor?
¿Quién puede correr detrás de un guepardo a través de las llanuras del África?
El Señor, Él puede.
¿Quién puede pararse en el monte Everest?
¿Quién puede enfrentar a un rinoceronte?
El Señor.
El Señor te puede dar ovejas y cabras y vacas y patos y gallinas y perros y gatos.
El Señor te puede dar lo que Él quiera.

. . . .

¿Quién puede parar la mano del Señor?
¿Quién puede enfrentar a un elefante?

¿Quién es tan valiente como para enfrentar a un león?
El Señor.
¿Quién corre tan rápido como un caballo?
¿Quién puede agarrar una ballena azul?
¿Quién es tan valiente como para enfrentar a un pulpo
gigante?
El Señor.
Como Jesús murió en la cruz,
Así lo ha hecho el Señor.
El Señor nunca dejará a su gente.
La Biblia es su palabra.
El Señor es un buen líder.

. . . .

El Señor que te ama.
Y que no va a dejar a su gente.
El fin.[5]

Aunque las llamas amenazaban, el niño vio a Dios en las llamas. William confió en Dios y temió menos. Lo mismo podemos hacer nosotros.

Amén, William. Y amén.

Guía de estudio

La guía de estudio para *Sin temor* puede ser usada tanto por grupos como por una persona que quiera obtener una comprensión mejor de las ideas y los principios que contiene este libro. Cada lección consiste de tres partes:

- *Examina el temor,* en la cual volverás a leer porciones clave del texto y se te pedirá que contestes las preguntas sugeridas que se encuentran entre comillas.
- *Expón el temor,* en la cual pasarás tiempo en pasajes bíblicos selectos, meditando en lo que Dios dice en cada tema.
- *Lucha contra el temor,* en la cual se harán una o dos sugerencias sobre cómo aplicar las lecciones contenidas en el capítulo.

Capítulo 1

¿Por qué tenemos miedo?

Examina el temor

1. «Imagina tu vida sin ser tocada por la angustia. ¿Y qué si la fe, y no el temor, fuera tu reacción instantánea a las amenazas? Si te pudieras pasar sobre el corazón un imán que atrae el temor y sacar cada pizca de miedo, inseguridad y duda, ¿qué es lo que quedaría? Imagínate un día, solo un día, sin sentir temor al fracaso, al rechazo, a la calamidad. ¿Te puedes imaginar una vida sin temor?»
   A. Trata de responder a la pregunta anterior. ¿En qué forma sería diferente tu vida hoy si el temor fuera borrado de tu corazón?
   B. ¿A cuál eres más propenso: al temor al fracaso, al rechazo o a la calamidad? ¿Qué indica eso en cuanto a ti?

2. «Subir a la barca con Cristo puede significar estar completamente empapado con Él. Los discípulos pueden esperar mares agitados y vientos fuertes».
   A. ¿Por qué subir a la barca con Cristo significa empaparse con Cristo? ¿Por qué no significa un cielo azul y navegar en calma?
   B. ¿Por qué tantos creyentes *no* esperan mares agitados y vientos fuertes? ¿Qué es lo que les sucede cuando

tienen que enfrentar esas condiciones? ¿De qué forma los aconsejarías?

3. «El temor corroe nuestra confianza en la bondad de Dios. Comenzamos a preguntarnos si el amor vive en el cielo».
   A. ¿De qué forma corroe el temor nuestra confianza en la bondad de Dios? ¿Te ha ocurrido esto en la vida?
   B. ¿Cuándo fue la última vez que te preguntaste si el amor vivía en el cielo? Describe las circunstancias.

4. «Los que están llenos de temor no pueden amar profundamente. El amor es riesgoso. No pueden darles a los pobres. La benevolencia no tiene garantías de beneficios. El que está lleno de temor no puede soñar con entusiasmo. ¿Y qué si sus sueños se chisporrotearan y se cayeran del cielo? La adoración a la seguridad debilita la grandeza».
   A. ¿Por qué el temor hace que sea más difícil amar? ¿Por qué el temor hace que sea difícil dar con generosidad? ¿En qué forma el temor sofoca nuestros sueños?
   B. ¿Te has encontrado alguna vez adorando la seguridad? Si la respuesta es sí, ¿qué fue lo que te motivó a hacerlo? ¿En qué forma el temor debilita la grandeza? ¿De qué forma el temor te ha impedido hacer algo grande?

5. «La declaración que Jesús hizo con más frecuencia es: "No temáis"».
   A. ¿Por qué haría Jesús esta declaración con más

frecuencia que las demás? ¿Qué te dice esto en cuanto a la naturaleza humana?

B. ¿Cómo puedes dejar de sentir miedo? ¿Qué es lo que quita la emoción del temor?

Expón el temor

1. Lee Mateo 8.23-27.
   A. ¿Qué conexión hace Jesús entre el temor y la fe en el versículo 26?
   B. Expresa tu reacción a la siguiente declaración: «Si Jesús está en tu barca, ya sea que esté completamente despierto o durmiendo profundamente, no tienes nada que temer».

2. Lee Juan 16.33.
   A. ¿Qué promesa da Jesús aquí referente a vivir en este mundo?
   B. ¿Qué les ofrece Jesús a sus seguidores? ¿En qué se basa esta oferta?

3. Lee 2 Timoteo 1.7.
   A. ¿Qué clase de espíritu *no* les ha dado Dios a sus hijos? ¿Qué infiere esto en cuanto al origen de la mayoría de nuestros temores?
   B. ¿Qué clase de espíritu les *ha* dado Dios a sus hijos? ¿Qué diferencia debería hacer para nosotros cuando nos sobrecoge el temor?

LUCHA CONTRA EL TEMOR

1. Analiza tus temores de la semana pasada. ¿A qué concernían? ¿Qué los causó? ¿Qué hiciste con ellos? ¿En qué forma involucraste a Dios en cuanto a enfrentarlos? ¿Qué patrones, si algunos, puedes detectar?
2. Durante una semana completa medita en 2 Timoteo 1.7 en la traducción que prefieras. Repite el versículo en la mente todas las veces que puedas.

CAPÍTULO 2

Los aldeanos de Villazancos

Temor a no ser importante

EXAMINA EL TEMOR

1. «¿Somos importantes? Tememos no serlo. Tenemos miedo de ser inferiores, de ser insignificantes. Tememos esfumarnos».
   A. ¿Tienes miedo de no importarle a Dios? Explica.
   B. ¿Cómo luchas contra tus sentimientos de inferioridad?

2. «Haz conexión con alguien especial, y llegarás a ser especial, ¿no es verdad?»
   A. ¿Cuándo es que te sientes más tentado a sentirte importante por mencionar una conexión personal que tienes con alguien bien conocido o admirado?

B. ¿Por qué el intento de llegar a ser especial al mencionar tu conexión con alguien especial, a la larga, no te hace sentir mejor?

3. «Cuando en la lectura los niños del orfanatorio chino captaron la idea de que eran especiales porque habían sido hechos por un Creador amoroso... todos comenzaron a llorar, ¡incluyendo los maestros! Fue fantástico».

A. ¿Cómo te afecta la idea de que has sido creado por un Creador amoroso? ¿Te sientes especial por eso? Explica.

B. Las Escrituras dicen que has sido creado a imagen de Dios. ¿Qué significa eso para ti? Si *no* hubieras sido creado a imagen de Dios, ¿actuarías en forma diferente? Explica.

4. «El temor de que eres un cero a la izquierda llegará a ser una profecía cumplida y te arruinará la vida».

A. ¿Cuándo te sientes más tentado a creer que eres un cero a la izquierda? Describe la última vez que te sentiste de esa forma.

B. ¿Cómo fue que temer de ser un cero a la izquierda llegó a ser una profecía cumplida en ti? ¿Arruinará tu vida? ¿Qué puedes hacer en cuanto a eso?

5. «Ustedes ya son importantes», / les explicó a los aldeanos. / «Confíen en mí en esto. / Mantengan los pies en la tierra».

A. ¿Crees que ya eres importante? Explica.

B. ¿Qué quiere decir aquí «mantén los pies en la tierra»? ¿Qué significaría para ti hacer esto en tu mundo?

Expón el temor

1. Lee Lucas 12.4-7.
   A. ¿A quién no le debes tener miedo? ¿Por qué no?
   B. ¿A quién debemos temerle? ¿Por qué? ¿De qué clase de temor se habla?
   C. ¿Qué razón da Jesús para no sucumbir al temor (v. 7)?

2. Lee Salmos 139.14-18, 23-24.
   A. ¿Qué clase de pensamientos tiene Dios contigo? ¿Cuántos pensamientos tiene contigo?
   B. ¿En qué forma los versículos 14-18 le dan al salmista la confianza para hacer su pedido en los versículos 23-24?

3. Lee Efesios 2.10.
   A. ¿Por qué nos creó Dios? ¿Por qué debería darnos confianza eso?
   B. ¿Por qué debemos confiar en que vamos a encontrar el mejor plan de Dios para nosotros?

Lucha contra el temor

1. Medita en la crucifixión de Cristo. ¿Qué dice la cruz sobre lo importante que eres para Dios?
2. Imagínate cómo sería la vida en la tierra si a Dios *no* le importaran los hombres y las mujeres. ¿Qué es lo que piensas que sería diferente?

Capítulo 3

Dios no está contento conmigo

Temor a desilusionar a Dios

Examina el temor

1. «Los recuerdos de pases que no atajaste se disipan muy lentamente. Despiertan un temor a la soledad, el temor de que hemos desilusionado a la gente, que hemos defraudado al equipo, que hemos fracasado. Un temor que, cuando nos necesitaban, no hicimos nuestra parte, de que otros sufrieron por nuestros errores y fallos».
   A. ¿Qué recuerdo de un «pase que no atajaste» te persigue más?
   B. ¿Qué es lo que generalmente haces cuando te vienen esta clase de pensamientos? ¿Preocuparte por ellos? ¿Orar acerca de ellos? ¿Tratar de olvidarlos?

2. «¿Es posible que el valor comience cuando se resuelve el problema del pecado?»
   A. ¿De qué forma el pecado es una desilusión para Dios?
   B. ¿Por qué el valor comienza cuando resolvemos el problema del pecado? ¿Qué es lo que a menudo le da alas a la falta de valor?

3. «Adán y Eva hicieron lo que hace la gente cuando tiene miedo. Corrieron para salvar la vida».

A. Cuando desilusionas a Dios, ¿en qué forma corres para salvar la vida cuando sientes temor?
B. Cuando el temor se apodera de ti, ¿qué opción es mejor que correr? ¿Por qué?

4. «Dios no guarda una lista de nuestros errores. Su amor echa fuera el temor porque hace desaparecer nuestro pecado».
   A. ¿Por qué no guarda Dios una lista de nuestros pecados? ¿Cómo te ayuda eso a enfrentar el temor de desilusionarlo?
   B. Cuando sientes que Dios te ama mucho, ¿qué sucede con tus temores? Cuando te sientes muy alejado de Dios, ¿qué sucede con tus temores?

5. «Nada fomenta tanto el valor como una clara comprensión de la gracia. Y nada promueve tanto el miedo como la ignorancia de la misericordia».
   A. ¿Cómo le describirías la gracia a alguien que nunca ha oído de ella? ¿Cómo ilustrarías la gracia basándote en tu propia vida?
   B. ¿Cómo te ha mostrado Dios misericordia? ¿En qué esfera de tu vida necesitas más misericordia en este momento?

Expón el temor

1. Lee Colosenses 1.13-14.
   A. ¿De qué han sido librados o rescatados los creyentes en Cristo?
   B. ¿Cómo han sido redimidos los creyentes? ¿Qué es lo que comprende esta redención?

2. Lee Juan 3.16-18, 36.
   A. ¿Por qué envió Dios a su Hijo al mundo? ¿Cuál *no* era el propósito del Hijo?
   B. ¿Qué es cierto en cuanto a los que creen en el Hijo? ¿Qué es cierto en cuanto a los que no creen en el Hijo?

3. Lee Juan 6.37-40.
   A. ¿Por qué vino Jesús del cielo? ¿Cuál fue su propósito?
   B. ¿Cuál es la voluntad de Dios para los que creen en su Hijo?

Lucha contra el temor

1. Examina en las Escrituras las historias de personas que desilusionaron a Dios: Pedro (Marcos 14.27-31; Juan 21.15-19); David (2 Samuel 11); la mujer samaritana (Juan 4.1-42). ¿En qué forma las historias de ellos te dan esperanza cuando desilusionas a Dios?
2. Busca a una persona que sabes que es un creyente en Cristo dedicado y entusiasta, y pregúntale cómo él o ella ha luchado contra el sentimiento de desilusionar a Dios.

CAPÍTULO 4

Preocupación, desaparece

Temor a no tener lo suficiente

EXAMINA EL TEMOR

1. «La preocupación tiene más preguntas que respuestas, más trabajo que energía y a menudo piensa en desistir».
   A. ¿De qué manera la preocupación tiene más preguntas que respuestas? Por lo general, ¿qué clase de preguntas hace?
   B. ¿Por qué a menudo la preocupación piensa en desistir? ¿Cuándo fue la última vez que la preocupación te instó a que desistieras? ¿Qué sucedió?

2. «Los déficit y las escaseces habitan en nuestro camino. No tenemos suficiente tiempo, suerte, sabiduría, inteligencia. Parece que se nos acaba todo, por eso nos preocupamos. Pero la preocupación no da resultado».
   A. ¿Qué es lo que se te está acabando y qué te mueve a que te preocupes?
   B. ¿Por qué la preocupación no te ayuda a bregar con esta escasez? Si la preocupación no funciona, entonces, ¿por qué nos preocupamos?

3. «Una preocupación legítima escaló hasta llegar a un pánico tóxico. Crucé una línea de demarcación hasta el estado de pánico. Ya no anticipé nada ni me preparé, sino que me hice miembro de la sociedad de los que sufren desgracias».
   A. ¿Cómo describirías la ansiedad? ¿Cómo se diferencia de la preocupación? ¿Cuán susceptible eres a la ansiedad? ¿Sobre qué tiendes a sentir más ansiedad?
   B. ¿Cómo puedes evitar hacerte miembro de la sociedad de los que viven preocupados?

4. «Jesús no condena que sintamos inquietud legítima por nuestras responsabilidades, sino más bien el continuo estado mental que aleja la presencia de Dios».
   A. ¿Dónde colocarías la línea de demarcación entre la preocupación y la inquietud legítima por tus responsabilidades?
   B. ¿Cómo puedes darte cuenta cuando has desarrollado una forma de pensar que continuamente aleja la presencia de Dios?

5. «De pie al lado de los discípulos estaba la solución a sus problemas... pero ellos no fueron a Jesús. Dejaron de contar al llegar a siete y se preocuparon».
   A. ¿Por qué crees que los discípulos no fueron de inmediato a Jesús?
   B. ¿Por qué crees que nosotros no vamos inmediatamente a Jesús cuando tenemos escasez de algo?

Expón el temor

1. Lee Mateo 6.25-34.
   A. ¿Cuál es la razón que Jesús da en este pasaje para no preocuparse?
   B. En vez de preocuparnos, ¿qué es lo que debemos hacer cuando nos falta algo? ¿Cómo se desarrolla esto en sentido práctico?

2. Lee Juan 6.1-13.
   A. ¿Qué es lo que les faltaba a los discípulos? ¿Cómo respondieron a eso? ¿Cómo usó eso Jesús para ampliar la visión espiritual de ellos?
   B. ¿En qué forma afecta el versículo 6 tu comprensión de este pasaje? ¿Qué dice en cuanto a las escaseces que enfrentas?

3. Lee Juan 15.7.
   A. ¿Qué significa vivir o permanecer en Jesús?
   B. ¿Qué quiere decir que las palabras de Cristo permanezcan en ti?
   C. ¿Qué promesa les hace Jesús en este pasaje a los que siguen sus mandamientos? ¿Cómo afecta el contexto tu comprensión de esta promesa?

Lucha contra el temor

Si quieres luchar contra el temor de lo que te falta, y en lugar de eso disfrutar una sensación de *plenitud de paz,* entonces, por lo menos por una semana trata el siguiente régimen:

1. Primero, ora (1 Pedro 5.7).
2. Luego, ten fe (Salmos 37.7).
3. A continuación, actúa (Mateo 25.14-28).
4. Haz una lista de tus preocupaciones (Lucas 10.41).
5. Evalúa las categorías de tus preocupaciones (Mateo 6.25-27).
6. Enfócate en hoy (Mateo 6.34; Hebreos 4.16).
7. Pide a otros creyentes que oren por ti (1 Tesalonicenses 5.25).
8. Deja que Dios sea suficiente (Mateo 6.28-33).

Capítulo 5

Mi hijo está en peligro

Temor a no proteger a mis hijos

Examina el temor

1. «El semirremolque de la paternidad llega lleno de temores. Tememos fracasarle al hijo, olvidarnos de él. ¿Tendremos suficiente dinero? ¿Suficientes respuestas? ¿Suficientes pañales? ¿Suficiente lugar en los cajones?... Es suficiente para mantener a un padre despierto de noche».
   A. Si eres padre o madre, ¿qué es lo que más te preocupa en cuanto a cuidar a tus hijos?
   B. ¿Cómo tiendes a enfrentar tus temores acerca de tus hijos?

2. «Nota a todos los padres que sienten pánico: Jesús presta atención a la preocupación en el corazón de un padre o una madre».
   A. ¿Qué ejemplo de la interacción de Jesús con los padres y los hijos puedes recordar? ¿Cómo los trató Él? ¿Qué te dice eso acerca de su corazón para ti y para tus hijos?
   B. ¿En qué esferas de tu trato con tus hijos necesitas más la ayuda de Jesús ahora mismo?

3. «Sabios son los padres que en forma regular le dan los hijos de nuevo a Dios».
   A. ¿Qué significa darle de nuevo los hijos a Dios? ¿Lo has hecho? Explica.
   B. ¿Por qué es necesario darle regularmente tus hijos de nuevo a Dios? ¿En qué situaciones te sientes tentando a negarte a darle tus hijos de vuelta a Dios?

4. «La oración es el recipiente en el cual se vierten los temores de los padres para que se enfríen».
   A. ¿Cómo enfría la oración el temor de los padres?
   B. ¿Cómo describirías tu vida de oración a favor de tus hijos?

5. «El miedo lo llamó de un lado. La esperanza le pedía que hiciera algo. Tragedia, luego confianza. Jairo escuchó dos voces, y tenía que decidir a cuál escucharía. ¿No es lo que hacemos todos?»

A. Describe una situación con tus hijos, ahora mismo, en la que escuchas dos voces que compiten.
B. ¿Cómo puedes adiestrarte a ti mismo para escuchar en forma consecuente la voz de Jesús en vez de las otras voces que te incitan a tener temor?

Expón el temor

1. Lee Lucas 8.40-56.
   A. ¿Qué retos se interpusieron en el camino de Jairo para que no recibiera ayuda de Jesús?
   B. ¿En qué forma muestra este pasaje que una demora en recibir una respuesta a una oración desesperada no necesariamente significa un no?

2. Lee Romanos 8.31-32.
   A. ¿En qué formas cambia las cosas saber que Dios está de tu parte?
   B. ¿Qué prueba ofrece el apóstol Pablo para mostrar que Dios está más que dispuesto a darte lo que necesitas?

3. Lee Génesis 22.1-18; Hebreos 11.19.
   A. ¿Qué piensas de la prueba de Dios a Abraham? ¿Cómo crees que te prueba en cuanto a tus hijos?
   B. ¿Qué convicción le permitió a Abraham pasar esta prueba con éxito (lee Hebreos 11.19)? ¿Pones esta misma clase de fe en las promesas de Dios? Explica.

Lucha contra el temor

Elige por lo menos dos de las siguientes promesas de las Escrituras y apréndelas de memoria, repitiéndotelas todos los días durante un mes. Nota lo que esto le hace a tu nivel de temor en cuanto a tus hijos. Pasajes: Deuteronomio 4.40; 5.29; 30.19; Salmos 37.25; Proverbios 20.7; Hechos 2.38-39.

Capítulo 6

Me estoy hundiendo muy rápido

Temor a los desafíos sobrecogedores

Examina el temor

1. «Es en las tormentas que Jesús hace su trabajo por excelencia, porque en las tormentas es cuando le prestamos el mayor grado de atención».
   A. ¿Qué tormentas has encontrado en la vida?
   B. Describe la forma en que has visto a Jesús en una tormenta.

2. «Si Cristo hubiera caminado a través de un mar tan calmo que pareciera un espejo, Pedro lo hubiera aplaudido, pero dudo que habría dado un paso fuera de la barca. Las tormentas nos impulsan a tomar senderos inauditos».
   A. ¿Crees que Pedro habría salido de la barca si las aguas hubieran estados tan calmas como un espejo? Explica.

B. ¿Qué sendero inaudito te ha impulsado a tomar una tormenta?

3. «No debemos ser inconscientes a los sobrecogedores desafíos que nos trae la vida. Debemos contrarrestarlos con largas miradas a los logros de Dios... Haz lo que sea necesario para mantener los ojos fijos en Jesús».
   A. ¿Qué desafíos sobrecogedores enfrentas en este momento?
   B. Describe algunas de las obras más grandes de Dios en tu vida durante el año pasado.
   C. ¿Qué es lo que se requiere para que mantengas los ojos fijos en Jesús?

4. «Alimenta tus temores, y tu fe se va a morir de hambre. Alimenta tu fe, y los que morirán de hambre son tus temores».
   A. ¿En qué forma tiendes a alimentar tus temores? ¿Qué es lo que esto le hace a tu fe?
   B. ¿Cómo alimentas tu fe? ¿Qué sucede cuando lo haces?
   C. ¿Qué es lo que te impide alimentar la fe?

5. «Jesús podría haber calmado tu tormenta hace mucho tiempo. Pero no lo ha hecho. ¿Quiere también enseñarte una lección? ¿Podría la lección expresarse como algo así: Las tormentas no son una opción, pero el temor lo es»?
   A. ¿En qué forma una tormenta de la vida ha profundizado tu caminar con Cristo?
   B. ¿Cuál es el propósito de estas tormentas?

Expón el temor

1. Lee Mateo 14.22-33.
   A. En este pasaje, ¿cuántas veces se menciona alguna forma de temor?
   B. ¿Cómo respondió Jesús a cada uno de estos temores?

2. Lee Mateo 28.18-20.
   A. ¿Cómo describe Jesús su posición en el versículo 18? ¿Cómo nos debería ayudar para luchar con el temor?
   B. ¿Qué promesa nos da Jesús en el versículo 20? ¿Cómo nos debería ayudar para luchar con nuestro temor?

3. Lee Romanos 8.35-39.
   A. ¿Qué en cuanto al amor de Cristo debe ayudarnos a luchar contra nuestros temores?
   B. ¿Cómo podemos llegar a ser victoriosos, «más que vencedores», aun cuando enfrentamos circunstancias sobrecogedoras?

Lucha contra el temor

Elige una acción para realizar esta semana para que te ayude a luchar contra el temor.

- Memorizar versículos bíblicos.
- Leer biografías de personas de fe.
- Meditar en los testimonios de creyentes fieles.
- Tomar la decisión deliberada de poner tu fe en Jesús.

Capítulo 7

Hay un dragón en mi clóset

Temor a que te ocurra lo peor

Examina el temor

1. «¿Cuál es tu peor temor? ¿Temer fracasar en público, perder el trabajo, o temor a las alturas? ¿Temor de que nunca vas a encontrar la esposa ideal para ti, o disfrutar de buena salud? ¿Temor de quedarte atrapado, ser abandonado u olvidado?»
   A. Contesta la pregunta de arriba.
   B. Describe tu respuesta física y emocional a ese temor.

2. «¿Cuántas personas pasan la vida al borde de la piscina? Consultado la precaución. Ignorando la fe. Nunca dan el salto... Por temor a lo peor, nunca disfrutan la vida al máximo».
   A. ¿En qué esferas de tu vida has estado al borde de la piscina? ¿Por qué?
   B. ¿Qué cosas buenas de la vida tu temor ha impedido que disfrutes?
   C. Nombra una esfera de tu vida en la cual te gustaría dar el salto.

3. «Dios desataría su ira, provocada por su odio por el pecado, en su Hijo cubierto por el pecado. Y Jesús sintió miedo.

Miedo mortal. Y lo que hizo con su temor nos muestra lo que nosotros debemos hacer con el nuestro. Él oró».

A. ¿Por qué Dios odia tanto el pecado? ¿Por qué Dios descargó su ira en su Hijo cubierto por el pecado? ¿Cómo llegó Jesús a estar cubierto por el pecado?

B. ¿Cuál es la clase de oración que lucha mejor con el temor? ¿Cómo ejemplificó Jesús esta clase de oración?

4. «¿Por qué asumir lo peor? Como seguidores de Dios, tú y yo tenemos una ventaja enorme. Sabemos que todo va a salir bien».

A. ¿Qué fue lo peor que has encontrado en tu vida hasta este momento? ¿Cómo resultó? ¿De qué maneras viste obrar a Dios en medio de esa situación?

B. ¿Cómo saben los seguidores de Jesús que todo va a salir bien? ¿Cómo nos ayuda ese conocimiento aquí y ahora?

5. «¿Nos atrevemos a creer lo que enseña la Biblia? ¿Que no hay ningún desastre que finalmente sea fatal?»

A. ¿Qué pasajes bíblicos te dicen mejor que finalmente ningún desastre es fatal? Enumera algunos.

B. ¿Combina tu comportamiento con tu fe? Explica.

Expón el temor

1. Lee Marcos 14.32-42.

A. ¿Qué era lo peor que estaba enfrentando Cristo? ¿Qué fue lo que lo preocupó y lo angustió?

B. ¿En qué forma respondió a eso?

2. Lee Hebreos 5.5-9.
   A. ¿En qué forma describe el versículo 7 la experiencia de Jesús en la tierra?
   B. ¿Por qué aun Jesús tuvo que aprender la obediencia (v. 8)? ¿Qué es lo que esto sugiere en cuanto a luchar con el temor?

3. Lee 2 Timoteo 4.14-18.
   A. ¿Qué circunstancias adversas le causaron un serio problema a Pablo? ¿Cómo respondió a eso?
   B. ¿Cómo respondió el Señor mismo a los problemas de Pablo? ¿Qué sugiere esto en cuanto a la forma en que responderá a tus problemas?

Lucha contra el temor

1. Aunque será incómodo, abre las cortinas y expón tus temores, cada uno de ellos. Cuando los examinas a la luz del sol, ¿qué sucede?
2. Con toda seriedad evalúa tu conexión y participación en una iglesia local que predique la Biblia. Reconoce que «una iglesia saludable es donde nuestro temores van a morir. Los herimos con las Escrituras, salmos de celebración y lamentos. Los derretimos bajo la luz de la confesión. Los extinguimos con la catarata de la adoración, escogiendo poner la mirada en Dios, no en nuestros temores».

Guía de estudio

Capítulo 8

Este planeta cruel

Temor a la violencia

Examina el temor

1. «Contrario a lo que esperaríamos, la gente buena no está exenta de sufrir violencia».
   A. ¿Qué clase de violencia has experimentado en este mundo?
   B. ¿Por qué crees que la gente buena no está exenta de sufrir violencia?

2. «El que sostiene el universo con una palabra dirige el tránsito de los demonios también con una palabra».
   A. ¿Por qué es tan importante saber que Dios sostiene el universo con una palabra?
   B. ¿Cómo dirige Dios el tránsito demoníaco sin participar en sus obras malvadas?

3. «El valor emerge, no de un aumento en las fuerzas policiales de seguridad, sino de la madurez espiritual aumentada».
   A. ¿Cómo desarrolla el valor tener más madurez espiritual?
   B. ¿Cuánto valor crees tener? ¿Qué dice esto en cuanto a tu nivel de madurez espiritual?

4. «Satanás no puede llegar a ti sin pasar a través de Dios».
   A. ¿Te consuela saber que Satanás no puede llegar a ti sin pasar a través de Dios? Explica.
   B. ¿Por qué crees que a veces Dios permite que Satanás llegue a ti? ¿Cuál es el propósito de Dios?

5. «Lo mejor del cielo tomó lo peor del infierno y lo convirtió en esperanza».
   A. Describe «lo mejor del cielo», y «lo peor del infierno». ¿Por qué es inevitable que lo mejor del cielo triunfe?
   B. ¿En qué forma lo mejor del cielo cambió lo peor del infierno en esperanza? ¿Cómo te afecta personalmente esta esperanza? Explica.

Expón el temor

1. Lee Génesis 50.15-21.
   A. ¿Qué clase de violencia le habían hecho a José sus hermanos (lee Génesis 37.11-28)?
   B. ¿Cómo interpretó José esta violencia (v. 20)? ¿Cómo trató de aliviar los temores de sus hermanos? ¿Qué lección hay para nosotros aquí?

2. Lee Daniel 3.1-29.
   A. ¿Por qué Sadrac, Mesac y Abed-nego fueron amenazados con violencia?
   B. Según los versículos 17-18, ¿qué posición tomaron ellos? ¿Qué les pasó a ellos? Como resultado, ¿cómo respondió Nabucodonosor?

3. Lee Hebreos 11.35b-40.
   A. ¿Qué clase de violencia fue dirigida contra las personas de fe según se describe en este pasaje?
   B. ¿Qué promesa los mantuvo firmes para pasar por todas sus dificultades? ¿En qué forma esa promesa nos puede mantener firmes a nosotros también?

Lucha contra el temor

Jesús mismos sufrió enormemente a manos de hombres violentos. Aprende de memoria Hebreos 12.2-3. ¿Cómo soportó Jesús la cruz? Toma tiempo adicional para meditar en lo que Él hizo para que tú no te canses ni te desanimes en tu caminar de fe.

Capítulo 9

Dinero ficticio

Temor al invierno venidero

Examina el temor

1. «El error del hombre rico no fue que no hizo planes, sino que sus planes no incluían a Dios. Jesús no criticó las riquezas del hombre sino su arrogancia; no la presencia de metas personales, sino la ausencia de Dios en esas metas».
   A. ¿Cómo incluyes a Dios en tus planes financieros?
   B. ¿Qué les tiende a pasar a las metas personales que no toman en cuenta a Dios y a su perspectiva?

2. «El mensaje que resuena y se repite en las Escrituras es claro: Dios es el dueño de todo. Dios comparte todo. ¡Confía en Él y no en las cosas!»
   A. ¿Por qué es importante recordar que Dios es el dueño de todo? ¿Qué tiende a suceder cuando olvidamos esta verdad?
   B. ¿Cuándo es que te puedes dar cuenta de que has comenzado a confiar más en el dinero que en Dios? ¿Cuáles son algunas de las señales reveladoras?

3. «La abundancia de posesiones tiene una forma de eclipsar a Dios, sin importar lo pocas que puedan ser esas posesiones. Hay una progresión predecible desde la pobreza hasta el orgullo».
   A. ¿Por qué la abundancia de posesiones tiende a eclipsar a Dios?
   B. ¿Por qué a menudo la riqueza lleva al orgullo?
   C. ¿Puede ser adicta al dinero una persona pobre? Explica.

4. «Los que confían en el dinero son necios. Se colocan en una posición ideal para ser embaucados y arrojados a una condición de vida extremadamente desdichada».
   A. ¿De qué formas confiamos en el dinero? ¿Cómo engaña a las personas el amor al dinero?
   B. ¿Por qué confiar en el dinero siempre conduce a la extrema desdicha?

5. «Reemplaza el temor del invierno venidero con la fe en el Dios viviente. Después de todo, es solo dinero del juego Monopolio. Todo vuelve a la caja cuando termina el juego».
   A. ¿Cuánto temor le tienes al invierno venidero? ¿Cómo puedes reducir esos temores?
   B. ¿Te ayuda pensar en el dinero real como dinero del juego Monopolio? ¿Por qué?

Expón el temor

1. Lee Lucas 12.16-21.
   A. ¿Por qué Dios llamó necio al hombre de la historia?
   B. ¿Qué significa ser rico para con Dios? ¿Tienes esta clase de riquezas? Explica.

2. Lee 1 Timoteo 6.6-10, 17-19.
   A. ¿Qué clase de contentamiento se describe en los versículos 6-8? ¿Cómo puede uno disfrutar de esa clase de contentamiento?
   B. ¿Por qué condena Pablo el deseo de ser rico? ¿Qué es lo malo con el amor al dinero?
   C. ¿Qué instrucciones les da Pablo a los ricos en los versículos 17-19? ¿Qué promesas les da a ellos?

3. Lee Proverbios 23.4-5.
   A. ¿Qué actitudes deben cultivar los creyentes en cuanto a las riquezas?
   B. ¿Por qué no deben los creyentes poner su corazón en hacerse ricos?

4. Lee Marcos 12.41-44.
   A. ¿Por qué es significativo que Jesús observara a la gente poner dinero en el arca del templo? ¿Qué inferencia tiene para nosotros?
   B. ¿Por qué Jesús destaca a la viuda para alabarla? ¿Qué lección nos debe enseñar ella?

Lucha contra el temor

1. Sin importar tu posición financiera, esta semana da con generosidad —más de lo que en realidad crees que puedas dar— a algún grupo o individuo que avanza la causa de Cristo. Escribe en un diario cómo tu donativo te afecta a ti y a tu familia.
2. Haz una cita con un consejero financiero para evaluar cómo usar el dinero que Dios te ha dado.

Capítulo 10

Muerto de miedo

Temor a los momentos finales de la vida

Examina el temor

1. «¿Y qué si el cementerio no es el dominio del lúgubre esqueleto con una guadaña, sino el dominio de Aquel que guarda nuestras almas, que un día anunciará: "Despierten y griten de alegría, moradores del polvo" (Isaías 26.19, NVI)?»

A. ¿Cómo responderías a la pregunta anterior?
B. Describe la actitud que tienes hacia tu propia muerte.

2. «Jesús prometió, no una vida después de la muerte, sino una vida mejor».
A. ¿Cómo describirías la vida mejor que Jesús les prometió a sus seguidores?
B. ¿Cuánto de esta vida mejor estás experimentando?

3. «Jesús eleva a los funerales al mismo nivel de esperanza de las bodas. Desde esta perspectiva, el viaje al cementerio y caminar por la nave central de la iglesia en una boda, garantizan la misma clase de entusiasmo».
A. ¿Por qué los funerales deberían darle la misma esperanza que las bodas a los creyentes?
B. ¿Puedes decir que estás animado con tu propia muerte? Explica.

4. «Dejemos que la resurrección penetre hasta las fibras más íntimas de nuestro corazón y defina la manera en que miramos la tumba».
A. ¿Cómo define la actitud de una persona hacia la muerte lo que él o ella en realidad cree acerca de la resurrección?
B. ¿Cuáles son algunas maneras prácticas en las cuales puedes dejar que la resurrección penetre hasta las fibras más íntimas de tu corazón?

5. «La muerte, "una nueva aventura de la vida". No hay necesidad de temerla ni de ignorarla. Debido a Cristo, tú la puedes enfrentar».
   A. Describe a alguien que conozcas y que le tiene terror a la muerte.
   B. Describe a alguien que conoces y que trata de ignorar a la muerte.
   C. ¿Cómo puedes enfrentar la muerte por medio de tu fe en Cristo?

Expón el temor

1. Lee Juan 14.1-3.
   A. ¿Qué mandamiento da Jesús en el versículo 1?
   B. ¿Qué promesa hace en los versículos 2-3? ¿En qué forma están estas promesas designadas para disminuir el temor?

2. Lee 1 Corintios 15.20-27.
   A. ¿Cómo ve la muerte este pasaje?
   B. ¿Cómo puede calmar nuestro temor a la muerte este pasaje?

3. Lee Hebreos 2.14-15.
   A. ¿Quién tenía el imperio de la muerte? ¿Cómo destruyó Jesús a ambos, a él y a su imperio?
   B. ¿Cómo podemos ser librados del temor a la muerte? ¿De qué forma es este temor una clase de atadura?

Lucha contra el temor

¿Qué diferencia hace una fe viva en Cristo cuando la muerte toca a tu puerta?

Capítulo 11

Vida cafeinada

Temor a lo que se viene

Examina el temor

1. «Si tan solo pudiéramos ordenar la vida como pedimos una taza de café gourmet. ¿No te gustaría poder mezclar a tu gusto los ingredientes de tu futuro?»
   A. Responde a la pregunta anterior.
   B. Si pudieras mezclar a tu gusto los ingredientes de tu futuro, ¿cómo se vería tu futuro?

2. «Cuando colocas tu fe en Cristo, Él coloca su Espíritu en frente y detrás de ti, y dentro de ti. No un espíritu que no conoces, sino el *mismo* Espíritu... Todo lo que Jesús hizo por sus seguidores, lo hace el Espíritu por ti».
   A. Describe la forma en que confías en el Espíritu de Cristo para tu caminar diario en fe.
   B. ¿Por qué es tan importante saber que el Espíritu Santo actúa en tu vida como lo haría Cristo?

3. «El cambio no solo es parte de la vida; es parte necesaria de la estrategia de Dios. Para usarnos para cambiar el mundo, para alterar nuestras comisiones».
   A. ¿Por qué es necesario el cambio como parte de la estrategia de Dios?
   B. ¿Cómo ha alterado Dios tu comisión? ¿En qué forma la puede estar alterando ahora mismo?

4. «Lo que es insensato en esta vida, será perfectamente sensato en la vida venidera».
   A. ¿Te ayuda saber que lo que no es sensato en esta vida será perfectamente sensato en la vida venidera? Explica.
   B. ¿Qué cosas en tu vida no son sensatas en estos momentos? ¿Cómo puedes seguir adelante sin poder tener sentido con ellas ahora?

5. «Si asumimos que este mundo existe solo para que seamos felices antes de la tumba, las atrocidades se descalifican para hacernos felices. Pero ¿qué si esta tierra es el vientre de la madre? ¿Pudiera ser que estos desafíos, tan severos como pueden ser, sirvieran para prepararnos, para adiestrarnos para el mundo venidero?»
   A. ¿De qué forma esta tierra podría ser como el vientre de una madre? Explica.
   B. ¿Cómo te han equipado tal vez algunos de tus propios desafíos para el mundo venidero?

Expón el temor

1. Lee Juan 14.16-18, 26-27.
   A. ¿Qué promesas nos da Jesús en los versículos 16-18? ¿Cómo pueden ayudarnos esas promesas para luchar con el temor de lo que se viene?
   B. ¿Cuál es la conexión vital entre los versículos 26 y 27? ¿De qué forma la paz de Cristo depende de la obra del Espíritu? ¿Cómo está trabajando el Espíritu en tu vida?

2. Lee Eclesiastés 3.1-8.
   A. Haz una lista de todas las épocas o tiempos por los cuales todo el mundo pasará de acuerdo a este pasaje.
   B. ¿En qué forma saber de antemano que enfrentaremos estos tiempos o estaciones nos puede ayudar a disminuir nuestros temores acerca del futuro?

3. Lee 2 Corintios 5.17.
   A. ¿Cómo describe Pablo a alguien que está «en Cristo»?
   B. ¿Cuál es el resultado de estar «en Cristo»? ¿Cómo ayuda esto para combatir el miedo?

Lucha contra el temor

1. Haz una lista de los temores más grandes que has sentido en los últimos cinco años. ¿Cuántos en realidad sucedieron? ¿Qué fue lo que malgastaste preocupándote por nada?
2. Escribe una página o dos sobre la forma en que las dificultades y los problemas de este mundo pueden, realmente, estarte preparando para el mundo venidero.

Capítulo 12

Una sombra de duda

Temer que Dios no sea real

Examina el temor

1. «Mientras repasaba mi sermón de Pascua a la luz de una lámpara, el mensaje de la resurrección se sintió como un mito, más cercanamente parecido a una leyenda urbana que a la verdad del evangelio... Como si esperara que el de la guadaña o los siete enanitos salieran de algún agujero cuando yo volteara una página».
   - A. Describe una ocasión cuando dudaste de que el mensaje de la resurrección pudiera ser verdad.
   - B. ¿Qué es lo que parece más increíble acerca del mensaje de la resurrección?

2. «Los que periódicamente dudan de Cristo, tomen nota y aliéntense. Los primeros seguidores de Cristo también tenían dudas. Pero Cristo se rehusó a dejarlos solos con sus preguntas».
   - A. ¿Bajo qué circunstancias es más probable que te conviertas en alguien que periódicamente duda de Cristo?
   - B. ¿Cómo te ha ayudado Cristo a bregar con tus dudas ocasionales?

3. «¿Qué es lo que Cristo quiere que hagamos con nuestras dudas? ¿Su respuesta? Toca mi cuerpo y medita en mi historia».
   A. ¿En qué forma normalmente respondes a tus dudas?
   B. ¿Cómo puedes tocar el cuerpo de Cristo y meditar en su historia? ¿Cómo te ayuda esto a combatir las dudas?

4. «Cristo imparte valor a través de la comunidad; disipa las dudas a través de la confraternidad. Él nunca deposita todo el conocimiento en una persona, sino que distribuye las piezas del rompecabezas entre muchos».
   A. ¿En qué forma Cristo imparte valor a través de la comunidad, y disipa las dudas a través de la confraternidad?
   B. ¿Participas activamente en una iglesia local? ¿De qué formas sirves y recibes ayuda allí?

5. «¿Qué fue lo que causó que C. S. Lewis, un ateo dotado, brillante, acérrimo, siguiera a Cristo. Muy simple. Él se puso en contacto con el cuerpo de Cristo, sus seguidores, en sintonía con su historia, las Escrituras».
   A. ¿De qué forma involucrarte con regularidad con los seguidores de Cristo te ayuda a seguirlo mejor?
   B. ¿Cómo te ayuda a crecer en la fe la interacción regular con la Biblia? ¿Cómo te ayuda a combatir el temor?

Expón el temor

1. Lee Lucas 24.13-35.
   A. ¿Por qué crees que Jesús pretendió no saber de lo que hablaban los dos hombres?
   B. ¿Qué fue lo que estos dos hombres citaron como su razón más poderosa para recuperar su esperanza en Jesús (v. 32)? ¿Qué es lo que te ayuda a recuperar la fe en Jesús en medio de las pruebas?

2. Lee Juan 20.24-29.
   A. ¿Por qué al principio Tomás no les creyó a sus compañeros cuando le dijeron que habían visto al Señor?
   B. ¿Cómo fue que Tomás llegó a creer de nuevo?
   C. ¿Por qué llama Jesús «bienaventurados» a los que no han visto y sin embargo creen?

3. Lee Romanos 10.17.
   A. Según este pasaje, ¿cómo viene la fe?
   B. ¿Qué significa esto en cuanto a la lectura y al estudio regular de la Biblia?

Lucha contra el temor

«La próxima vez que te lleguen las dudas, sumérgete en las antiguas historias de Moisés, las oraciones de David, los testimonios de los Evangelios y las epístolas de Pablo. Únete a otros que busquen y haz caminatas diarias a Emaús». Esta semana:

1. Sumérgete en las grandes historias de la Biblia que manifiestan el gran poder y amor de Dios.

2. Participa en actividades con otros creyentes que buscan glorificar a Dios.

CAPÍTULO 13

¿Y qué si las cosas empeoran?

Temor a una calamidad global

EXAMINA EL TEMOR

1. «La vida es una empresa peligrosa. Pasamos nuestros días a la sombra de inquietantes realidades. El poder de aniquilar a la humanidad parece haber sido colocado en las manos de personas que se sienten felices de hacerlo».
   A. ¿Qué realidades inquietantes tienen más poder para atemorizarte?
   B. ¿Cómo crees que te sentirías si una bomba nuclear cayera en alguna parte de Estados Unidos?

2. «Era como si Jesús aconsejara a sus discípulos: "No pierdan la cabeza cuando suceden cosas malas"».
   A. ¿Tienes un plan personal de acción para bregar con las cosas malas? Explica.
   B. ¿Qué has aprendido de observar la forma en que otras personas tratan con las dificultades?

3. «Los falsos profetas minimizan el papel de Cristo y maximizan el de la humanidad... Concéntrate en una pregunta: ¿está esta persona dirigiendo a Jesús a los que lo escuchan? Si la respuesta es sí, da gracias y ora por ese individuo. Si la respuesta es no, vete cuando todavía lo puedes hacer».
   A. ¿Por qué siempre los falsos maestros alejan a la gente de Jesús? ¿A qué por lo general dirigen la atención de las personas?
   B. ¿Conoces bien a Jesús? ¿Serías capaz de discernir si alguien está pintando un cuadro falso de él? Explica.

4. «Todas las cosas, grandes y pequeñas, fluyen del propósito de Dios y se usan para cumplir su voluntad. Cuando el mundo parece fuera de control, no lo está».
   A. ¿Cómo pueden las cosas malas servir para el bien de Dios? Describe un tiempo en tu vida cuando algo malo sirvió para bien.
   B. Por lo general, ¿cómo reaccionas cuando tu mundo parece estar girando fuera de control? ¿Qué es lo que te aconsejarías a ti mismo en esos momentos?

5. «Todo se va a arreglar al final. Si no está arreglado, no es el final».
   A. ¿Estás de acuerdo con la declaración arriba? ¿Por qué?
   B. ¿Cómo puede esta declaración traer consuelo o aliviar el temor?

Expón el temor

1. Lee Mateo 24.4-14.
   A. ¿Cuántas veces se nombra alguna forma de decepción en este pasaje?
   B. ¿Qué te dice esto en cuanto a saber la sana doctrina como una herramienta contra el temor?

2. Lee Salmo 46.1-11.
   A. ¿Qué clase de temores mencionan los versículos 2-3 y 6? ¿Cómo contrarresta el salmista estos temores?
   B. ¿En qué forma los versículos 8-11 apaciguan nuestros temores en cuanto a grandes catástrofes?

3. Lee Salmo 27.1-10.
   A. ¿Qué desastres causados por los seres humanos se mencionan en los versículos 1-3? ¿Cómo responde el salmista a ellos?
   B. ¿Qué confianza expresa el salmista en los versículos 5-10? ¿Cómo obtuvo esta confianza? ¿Qué podemos aprender de su experiencia?

4. Lee Apocalipsis 2.10.
   A. ¿Qué clase de sufrimientos se les prometen a algunos creyentes?
   B. ¿Cómo pueden estos creyentes vencer sus temores de tales sufrimientos?
   C. ¿Qué les promete Dios a los que vencen sus temores y permanecen fuertes en Cristo?

Lucha contra el temor

Escribe la siguiente declaración en un papel, y colócalo en un lugar prominente donde lo veas a menudo (en la puerta del refrigerador, en tu automóvil, en el escritorio de tu oficina, etc.): «Todo se va a arreglar al final. Si no está arreglado, no es el final».

Capítulo 14

El único temor saludable

Temer que Dios salga de mi vida

Examina el temor

1. «Cuando se trata de definir a Cristo, ninguna caja sirve».
   A. ¿Dentro de qué cajas has tratado de poner a Cristo?
   B. ¿Por qué es imposible poner a Cristo dentro de una caja?

2. «El Cristo transfigurado es Cristo en su forma más pura. También es Cristo como verdaderamente es, usando su ropaje de antes de Belén y el de después de la resurrección».
   A. ¿Por qué el Cristo transfigurado es «Cristo en su forma más pura»?
   B. ¿Cómo un cuadro mental del Cristo transfigurado puede cambiar la forma en que respondes a la adversidad?

3. «Cristo no tiene homólogos. Solo una enramada se debería construir, porque solamente una persona en el monte merecía ser honrada».
   A. ¿Crees tú que Cristo no tiene homólogos? Explica.
   B. Nombra otra ocasión cuando Dios enfatizó que Cristo debería ser honrado por sobre todos los otros.

4. «El fuego en la montaña llevó al temor en la montaña. Un temor santo, saludable. Pedro, Santiago y Juan experimentaron un terror horripilante, una reverencia estabilizadora del único Dios verdadero».
   A. ¿Qué clase de terror puede fortalecer tu fe? ¿Puede la verdadera reverencia a Dios darte estabilidad en tiempos de incertidumbre y temor?
   B. ¿Qué personaje del Antiguo Testamento también experimentó fuego en un monte? ¿Cómo le afectó a esa persona la forma en que veía a Dios? ¿Cómo cambió su vida?

5. «¿Cuánto tiempo hace que no sientes ese temor? ¿Desde que una nueva comprensión de Cristo te hizo doblar las rodillas y te quedaste sin aire en los pulmones? ¿Desde que una mirada a Él te dejó sin palabras y sin aliento? Si hace tiempo, eso explica tus temores. Cuando Cristo es grande, nuestros temores son chicos».
   A. Responde a la pregunta anterior.
   B. ¿De qué forma una visión de Cristo hace disminuir nuestros temores?

Expón el temor

1. Lee Mateo 17.1-8.
   A. ¿Por qué crees que Jesús quería que sus tres amigos más íntimos lo vieran transfigurado justo antes de su muerte?
   B. ¿Cómo puede el temor ser a la vez saludable y santo? ¿De dónde viene esta clase de temor? ¿Qué quiso decir Jesús cuando les dijo a sus discípulos que no tuvieran miedo?

2. Lee 1 Timoteo 6.13-16.
   A. ¿Qué quiere decir que Dios habita en luz inaccesible?
   B. ¿Qué impresión crees que los versículos 15-16 están designados para dejarnos en la mente? ¿Qué clase de temor genera esta imagen, y por qué razón?

3. Lee 2 Pedro 1.16-19.
   A. ¿Qué impresión hizo en Pedro la transfiguración?
   B. ¿Qué aplicación hace Pedro en el versículo 19? ¿Cómo puede su guía llevarnos a un temor santo, sano y que nos ayude?

Lucha contra el temor

Con cuidado estudia y compara los relatos más importantes de la transfiguración que se encuentran en la Biblia: Mateo 17.1-8; Marcos 9.2-8; Lucas 9.28-36; 2 Pedro 1.16-18. Haz una lista con los elementos de la historia que allí encuentras. Luego toma tiempo para meditar, no solo en el acontecimiento de la transfiguración, sino en la forma en que afectó a Pedro, Santiago y Juan. Y ten presente las siguientes declaraciones: «Da una mirada larga y nostálgica al Fuego, al Santo, al Altísimo, al Único. Y mientras lo haces, todos tus temores, menos el temor a Cristo, se derretirán como cubitos de agua que caen a una acera en verano».

Capítulo 15

Conclusión

El salmo de William

Examina el temor

1. «Al temor le encanta una buena estampida».
   A. ¿De qué manera es contagioso el temor?
   B. ¿Cómo puedes evitar unirte a la estampida?

2. «Somos la cultura que más se preocupa de todas las edades. Por primera vez, desde la Segunda Guerra Mundial, los padres esperan que la vida de la siguiente generación sea peor que la de ellos».
   A. ¿Por qué crees que nuestra cultura se preocupa tanto?
   B. ¿Esperas que la vida para la próxima generación sea peor de lo que ha sido para ti? Explica.

3. «Que nos encontremos entre los que permanecen en calma. Debemos reconocer el peligro, pero no sentirnos abrumados. Reconozcamos las amenazas pero rehusémonos a que las amenazas nos definan».
   A. Describe algunas maneras en que puedes reconocer el peligro y no sentirte sobrecogido por él.
   B. ¿Cómo puedes asegurarte de que las amenazas no te definan a ti o definan tu comportamiento?

4. «Suficiente de esos gemidos de desesperación, de gritos de fatalidades. ¿Por qué hacerles caso a los fatalistas de la bolsa de comercio o a la cantidad de pesimismo de los periódicos? Inclinaremos nuestros oídos a otro lugar: hacia el cielo. Nos volveremos a nuestro Creador, y porque lo hacemos, temeremos menos».
   A. ¿Qué te dará más esperanza meditar en el periódico *Wall Street Journal* o en la Biblia? ¿Por qué?
   B. ¿De qué manera fijar los ojos en tu Creador te ayuda a tener menos temor?

5. «El Señor nunca dejará a su gente. / La Biblia es su palabra. / El Señor es un buen líder. / El Señor que te ama. / Y que no va a dejar a su gente».
   A. ¿Qué significa para ti que el Señor nunca te dejará ni te desamparará?
   B. ¿De qué manera(s) el Señor ha sido un buen líder para ti?

Expón el temor

1. Lee Proverbios 29.25.
   A. ¿Cuál es el resultado para los que tienen temor?
   B. ¿Cuál es el resultado de confiar en Dios, a pesar de nuestro temor?

2. Lee Isaías 8.12-14.
   A. ¿Contra qué temores advirtió Isaías a sus compatriotas?
   B. ¿Qué temor era el que debían cultivar?
   C. ¿Cómo les ayudaría este temor santo aquí y ahora?

3. Lee Hebreos 13.5-6.
   A. ¿Qué razón da el escritor para estar contento con lo que tiene?
   B. ¿Qué promesa nos da el escritor?
   C. ¿Cómo quiere él que respondamos a esa promesa?

Lucha contra el temor

Durante una semana, medita varias veces al día en un solo versículo de las Escrituras que haya salido de la boca de Dios: «No te desampararé, ni te dejaré» (Hebreos 13.5). Al final de cada día, pasa por lo menos diez minutos alabando a Dios por su compromiso eterno para contigo.

Notas

Capítulo 1: ¿Por qué tenemos miedo?

1. Candis McLean, "The age of anxiety; Ordinary children today are more fearful than psychiatric patients were in the 1950s", *The Report Newsmagazine*, 22 enero 2001, http://findarticles.com/p/articles/mi_hb3543/is_200101/ai_n8359052/?tag=content;col1.
2. Shelley Wachsmann, *The Sea of Galilee Boat: An Extraordinary 2000 Year Old Discovery* (Nueva York: Plenum Press, 1995), pp. 326–28.
3. Walter Brueggemann, "The Liturgy of Abundance, the Myth of Scarcity", *Christian Century*, 24–31 marzo 1999, http://www.religion-online.org/showarticle.asp?title=533.

Capítulo 2: Los aldeanos de Villazancos

1. Rabbi Shmuley Boteach, *Face Your Fear: Living with Courage in an Age of Caution* (Nueva York: St. Martin's Griffin, 2004), p. 21.
2. John Bentley, mensaje por correo electrónico al autor. Usado con permiso.
3. Correo electrónico a Mujeres de fe, 6 septiembre 2008. Usado con permiso.

Capítulo 3: Dios no está contento conmigo

1. Ken Rodriguez, "History Keeps Digging Its Horns into Texas Receiver", *San Antonio Express-News*, 26 octubre 2001.
2. Calvin Miller, *Into the Depths of God: Where Eyes See the Invisible, Ears Hear the Inaudible, and Minds Conceive the Inconceivable* (Minneapolis: Bethany House, 2000), p. 135.

Capítulo 4: Preocupación, desaparece

1. Bradford Torrey, "Not So in Haste, My Heart", *The Boston Transcript*, 1875, CyberHymnal.org, http://www.cyberhymnal.org/htm/n/s/nsinhamh.htm.

Capítulo 6: Me estoy hundiendo muy rápido

1. Wachsmann, *The Sea of Galilee Boat*, pp. 39, 121.

2. C. S. Lewis, *Mere Christianity* (Nueva York: Macmillan Publishing, 1952), pp. 123-24 [*Mero cristianismo* (Nueva York: Rayo, 2006)]. © C. S. Lewis Pte. Ltd. 1942, 1943, 1944, 1952. Fragmento reimpreso con permiso.

CAPÍTULO 7: HAY UN DRAGÓN EN MI CLÓSET

1. Joshua Previn y David Borgenicht, *The Complete Worst-Case Scenario Survival Handbook* (San Francisco: Chronicle Books, 2007) [*Manual de supervivencia en situaciones extremas* (Barcelona: Salamandra, 2001)].
2. Max Lucado, *No Wonder They Call Him the Savior* (Nashville: Thomas Nelson, 2004), p. 105 [*Con razón lo llaman el Salvador* (Miami: Unilit, 2003)].
3. Pierre Benoit, *The Passion and Resurrection of Jesus Christ*, Benet Weatherhead, trad. (Nueva York: Herder and Herder, 1969), p. 10 [*Pasión y resurección del Señor* (Madrid: Fax, 1971)], citado por Frederick Dale Bruner, *Matthew: A Commentary*, vol. 2, *The Churchbook: Mateo 13—28* (Dallas: Word Publishing, 1990), p. 979.
4. Bruner, *The Churchbook*, p. 978.
5. Yann Martel, *Life of Pi* (Orlando: Harcourt, 2001), pp. 160 [*Vida de Pi* (Barcelona: Destino, 2006)]. Derechos reservados por Yann Martel. Reimpreso con permiso de Houghton Mifflin Harcourt Publishing Company.
6. Ibid.
7. Robert Wheler Bush, *The Life and Times of Chrysostom* (Londres: Religious Tract Society, 1885), p. 245.

CAPÍTULO 8: ESTE PLANETA CRUEL

1. De una conversación con Peggy Nelson. Usado con permiso.
2. Charles Colson, *Loving God* (Grand Rapids: Zondervan, 1983), pp. 27–34.
3. Martín Lutero, himno «Castillo fuerte es nuestro Dios», basado en el Salmo 46, traducido al español por J. B. Cabrera.
4. Boteach, *Face Your Fear*, p. 86.
5. Philip Gourevitch, *We Wish to Inform You That Tomorrow We Will Be Killed with Our Families: Stories from Rwanda* (Nueva York: Farrar, Straus, and Giroux, 1998), p. 123 [*Queremos informarle de que mañana seremos asesinados junto con nuestras familias: Historia de Ruanda* (Barcelona: Destino, 1999)].
6. Peter Lewis, *The Glory of Christ* (Londres: Hodder and Stoughton, 1992), p. 235.

7. Aleksandr I. Solzhenitsyn, *The Gulag Archipelago, 1918–1956: An Experiment in Literary Investigation,* Thomas P. Whitney, trad. (Nueva York: HarperPerennial, 2007), pp. 309–12 [*Archipiélago Gulag: Ensayo de investigación literaria (1918–1956)* (Barcelona: Círculo de lectores, 1998)].

CAPÍTULO 9: DINERO FICTICIO

1. Michael P. Mayko, "Stamford Man Faces Federal Charges in Bomb Threat", *Connecticut Post,* 9 octubre 2008, http://www.connpost.com/archive?vertical=archive.
2. Brueggemann, "The Liturgy of Abundance, the Myth of Scarcity".
3. Anup Shah, "Poverty Facts and Stats", citando World Bank Development Indicators 2008, http://www.globalissues.org/article/26/poverty-facts-and-stats.
4. Thomas Carlyle, QuoteWorld.org, http://www.quoteworld.org/quotes/2411.
5. "The Politics of Investing", *Leading the Way: A Publication of Hartford Leaders Suite of Variable Annuities,* tercer trimestre, 2008.
6. Bob Russell, basado en una historia en "Favorites of Bob Russell", CD (Louisville, KY: Southeast Christian Church, 2005).

CAPÍTULO 10: MUERTO DE MIEDO

1. Donald G. Bloesch, *The Last Things: Resurrection, Judgment, Glory* (Downers Grove, IL: InterVarsity Press, 2004), p. 125.
2. Ibid.
3. John Blanchard, *Whatever Happened to Hell?* (Wheaton, IL: Crossway Books, 1995), p. 63 [*¿Qué ha pasado con el infierno?* (Ciudad Real, España: Peregrino, 2002)].
4. Ibid., p. 62.
5. William Shakespeare, *Hamlet,* en *The Complete Works of Shakespeare,* Hardin Craig, ed. (Glenview, IL: Scott, Foresman and Company, 1961), 3.1.78–80. Las referencias son a un acto, escena y línea [*Hamlet,* en *Biblioteca William Shakespeare* (Barcelona: Vitae, 2005)].
6. N. T. Wright, *Christian Origins and the Question of God,* vol. 3, *The Resurrection of the Son of God* (Minneapolis: Fortress Press, 2003), pp. 205–6 [*La resurrección del Hijo de Dios* (Navarra, España: Verbo Divino, 2008)].
7. Benjamin P. Browne, *Illustrations for Preaching* (Nashville: Broadman Press, 1977), p. 85.

Capítulo 12: Una sombra de duda

1. Jennie Yabroff, "Take the Bananas and Run", *Newsweek*, 18–25 agosto 2008, p. 57.
2. Armand M. Nicholi Jr., *The Question of God: C. S. Lewis and Sigmund Freud Debate God, Love, Sex, and the Meaning of Life* (Nueva York: Free Press, 2002), pp. 84–92, 111–14 [*La cuestión de Dios: C. S. Lewis y Sigmund Freud debaten acerca de Dios, el amor, el sexo y el sentido de la vida* (Madrid: Rialp, 2004)].

Capítulo 13: ¿Y qué si las cosas empeoran?

1. Joanna Bourke, *Fear: A Cultural History* (Emeryville, CA: Shoemaker and Hoard, 2005), p. 195.
2. John Zarrella y Patrick Oppmann, "Pastor with 666 Tattoo Claims to Be Divine", CNN.com, 19 febrero 2007, http://www.cnn.com/2007/US/02/16/miami.preacher.
3. dc Talk and the Voice of the Martyrs, *Jesus Freaks* (Tulsa, OK: Albury Publishing, 1999), pp. 133, 167, 208 [*Locos por Jesús* (Tulsa, OK: Albury, 2002)].
4. Global Evangelization Movement, "Status of Global Mission, 2001, in Context of 20th and 21st Centuries", Worldwide Persian Outreach, http://www.farsinet.com/pwo/world_mission.html.
5. Jim Collins, *Good to Great: Why Some Companies Make the Leap... and Others Don't* (Nueva York: Harper Collins, 2001), pp. 83–85 [*Empresas que sobresalen* (Bogotá: Norma, 2002)].
6. Bruner, *The Churchbook*, p. 878.
7. William J. Broad, "Scientists' New Findings Link Titanic's Fast Sinking to Rivets", *San Antonio Express-News*, 15 abril 2008.
8. Dorothy Bernard, The Quotations Page, http://www.quotationspage.com/quote/29699.html.
9. Bruner, *The Churchbook*, p. 847.

Capítulo 14: El único temor saludable

1. Thomas Howard, *Christ the Tiger* (Filadelfia: J. B. Lippincott, 1967), p. 10.
2. Ellen F. Davis, *Getting Involved with God: Rediscovering the Old Testament* (Cambridge, MA: Cowley Press, 2001), pp. 102–3.
3. C. S. Lewis, *Prince Caspian: The Return to Narnia* (Nueva York: Macmillan Publishing, 1951), p. 136 [*El príncipe Caspian* (Barcelona: Círculo de Lectores, 2006)]. Copyright © C. S. Lewis Pte. Ltd. 1942, 1943, 1944, 1952. Fragmento reimpreso con permiso.

Conclusión: El salmo de William

1. Bourke, *Fear*, pp. 232–33.
2. Frank Furedi, *Culture of Fear Revisited: Risk-taking and the Morality of Low Expectation*, 4a ed. (Nueva York: Continuum Books, 2006), p. xviii.
3. Ibid., p. 68.
4. John Ortberg, *If You Want to Walk on Water, You've Got to Get Out of the Boat* (Grand Rapids: Zondervan, 2001), p. 132 [*Si quieres caminar sobre las aguas tienes que salir de la barca* (Grand Rapids: Vida, 2003)].
5. Greg Pruett, "President's Blog", Pioneer Bible Translators, 27 febrero 2008, http://www.pioneerbible.org/cms/tiki-view_blog.php?find=&blogId=2&offset=10&sort_mode=created_desc.

Acerca del autor

Max Lucado, ministro de predicación y letras de la Iglesia Oak Hills en San Antonio, Texas, es esposo de Denalyn y padre de Jenna, Andrea y Sara. En una buena semana, lee un buen libro, cena con su esposa y no pasa un puntaje de noventa en el campo de golf. Generalmente se contenta con los primeros dos.